日本の対中大戦略

兼原信克
Kanehara Nobukatsu

PHP新書

はじめに

日中両国の道はどこで分かれたのだろうか。19世紀、産業革命で著しく国力を増強した欧州諸国が、新しい世界史の主人公として世界をほしいままに分割した。「ほしいものあれば何でも買って帰れ。余がそなたから買うものは何もない」と乾隆帝《けんりゅうてい》がマカートニー英国特使に言い放ってからわずか50年で、工業化した英国と大清帝国の力関係は逆転していた。

西洋の衝撃に、アジアの古い諸王朝は震えた。近代化に向かっての胎動が始まる。欧州列強による侵略と植民地化の恐怖の中で、何千年と培ってきた伝統と決別し、西欧を模範とした近代化に舵を切ることは、千尋の谷間を飛び越えるような「死の跳躍」であった。

日本と大清帝国のスタートラインは同じだった。日本は、1868年、明治維新を成し遂げて急激な欧化政策に舵を切った。しかし、大清帝国は、1912年に倒れた。奇しくも明治天皇崩御の年であった。大清帝国は、日本が明治の御代に急速に近代化する間、ゆっくりとその巨体を傾け、そして倒壊したのである。

列強侵略の恐怖、削り取られる領土、相次ぐ内乱、西洋技術の習得、古い政体の解体、近代統治機構の整備、近代的「国民」と「国民国家」の創出、富国強兵など、日本と大清帝国の抱えた課題は同じだった。大清帝国の重臣や若き志士たちは、明治日本に範を取り、洋務運動、変法運動と近代化へ向けて懸命な努力を続けた。しかし、大清帝国は急なカーブを切るには巨大すぎた。横転して瓦解したのである。

王道政治という生命の血流を抜き去った

明治の御代に日本と中国の運命は分かれた。19世紀後半、日本が憧れた欧州は、自由主義思想が横溢し、王政と議会政治が共存あるいは交錯し、産業革命の進展で黒煙を吐く工場が林立していた。ベル・エポックである。欧化による富国強兵を決意した日本は、早くも1889年に近代的な帝国憲法を制定し、1890年には帝国議会を開設し、衆議院の総選挙を断行した。日本の民主化は19世紀後半に始まる。日本はアジア最古の民主主義国家となった。

大清帝国が倒れ、孫文たちが新しい中国を構想した20世紀前半、範となる欧州は激変していた。第一次世界大戦後、英国のハノーヴァー朝（現在のウィンザー朝）を除いて多くの欧州王朝が倒れた。さらに、人類史上初めての総力戦で大量殺戮を経験した欧州人は茫然自失し、その隙をついて社会格差に不満を持つ全体主義的な運動が欧州を席巻した。ロシア革命の衝撃も大きかった。ソ連共産党、国家社会主義ドイツ労働者党（ナチス）、ファシスト党（イタリア）、日本の青年将校や左翼思想家たちが、独裁と暴力の一撃で社会を造り変えようとして行動を起こしていた。

新しい中国は、この全体主義の時代に生まれた。また、孫文たちは厳しい内戦を勝ち抜かねばならず、国民党も共産党も厳しい軍律の下にあった。自由主義が芽生える余裕はなかった。やがて中国共産党を率いた毛沢東が絶対的支配者として登場する。大日本帝国が、統帥権独立を笠に着た軍人の暴走で崩落したとき、延安で雌伏していた毛沢東は、スターリンの支援を得て、日本降伏によって突如できた真空の中で勢力を伸ばした。そして日中戦争を戦い抜いた蔣介石を台湾に追い落とし、中華人民共和国を建てたのである。

ところで、孔子、孟子にさかのぼる中国儒教の伝統は、日本の江戸時代に欧州に現れた啓蒙思想、自由主義思想に酷似する。孔子は、最高価値の仁を唱え、仁とは愛だと教え、為政者に仁の具現化と民への慈《いつく》しみを教えた。孟子は、民を貴しとなすと教え、天意とは民意であると教え、暴虐な王は誅殺して構わないとまで言い切った。それが王道政治の神髄である。

しかし毛沢東は、二千数百年にわたる王道政治の伝統を捨て、欧州の辺境に生まれた異端の独裁思想家であるレーニンとスターリンを師に選んだ。そして狭隘なイデオロギーを統治の道具とし、人口の大多数を占めた農民を自由な意志を持たない革命兵士に「思想改造」しようとした。王道政治という生命の血流を抜き去った皇帝独裁政治の抜け殻に、20世紀初頭に現れた全体主義、独裁政治、個人崇拝という毒液を注入したのである。

毛沢東死後の中国では、胡耀邦《こようほう》、趙紫陽《ちようしよう》のような改革派も出た。民主化へのほのかな希望もあった。しかし、鄧小平《とうしようへい》は、冷戦終結時の共産圏消失に焦り、子飼いの両者を切り捨てた。鄧小平は民主主義と決別し、天安門で自由を求める夥しい数の学生を虐殺した。その後、鄧小平は中国経済の改革開放へと強引に舵を切った。日本を含む西側諸国の多くは、中国の経済成長がやがて中産階級を生み、中国はいつの日か民主化すると信じた。信じたかった。今や中国は、すでに日本の3倍の大きさとなり、米国に届かんとする経済規模に成長した。しかし、そこに現れたのは民主中国ではなかった。毛沢東の再来を思わせる習近平の独裁中国であった。

民主化までの間にどう向き合うか

全ての成熟した国民は民主化する。独裁はどこかで必ず終わる。民意は天意であり、天意に逆らうものは滅びると述べたのは2300年前の孟子である。強勢を誇る中国共産党のカウントダウンは始まっている。少子高齢化、経済成長鈍化、底知れぬ汚職腐敗、激しい社会格差、先鋭化する少数民族問題など、中国の抱える問題は多い。しかし、中国共産党はいかなる犠牲を払ってでも権力にしがみつく覚悟である。民主化までには気の遠くなるような長い時間がかかるであろう。その間、日本は、西側は、中国にどう向かい合えばよいのだろうか。

今や、軍事的にも、経済的にも、中国は米国と肩を並べつつある超大国である。その中国が台湾と尖閣への野心を隠さない。尖閣では、連日、海警公船を用いて実力行使をするようになった。習近平は、台湾併合を歴史的任務と公言した。上り坂にある巨軀の中国に比べ、老いた日本は、もはや単独では中国の敵ではない。仮に台湾有事が日本有事になれば、自衛隊は中国の片腕くらいは切り落とせるであろうが、中国人民解放軍は、日本の脳を割り心臓を裂くであろう。それほど日中の総合火力に差がついている。

また、日本と中国とは経済的には依然として深くつながっている。有事になれば、中国は日中の経済依存関係を人質に取るであろう。

令和の日本にとって、台湾、尖閣を巡る有事を起こさせないことが最も大切なことである。日本の力は限られている。友邦の力が要る。日米同盟を基軸として、外交戦略、軍事戦略、経済戦略において知略を尽くさねばならない。日米同盟も万全ではない。米国には

「アメリカ・ファースト」のトランプ大統領支持者が熱気を保っている。他国での戦争を嫌がる人々である。

米国の太平洋同盟網（日豪韓比泰）は、強力なＮＡＴＯ（北大西洋条約機構）に比べて哀しいほど弱い。北東アジアで、米国が頼りにできる出城は日本だけである。韓国は腰が定まらない。南半球の豪州は遠い。将来の超大国インドはまだ小さい。台湾有事をどう抑止するのか。尖閣をどう守るのか。それは皆、日本の主権と安全に直接影響する。一番切羽詰まっているのは日本である。日本自身の現実主義に立った戦略が求められている。

本書は、そのために何をするべきか、拙い思考を綴ってみたものである。まず戦略的思考、歴史観の両者に根差した外交戦略が来る。

外交戦略は必ず軍事戦略の前に来なくてはいけない。仲間を増やし、敵を減らし、戦わずして勝つことが外交戦略の神髄である。中国と戦略的な安定を築いてこそ、利益の調整に持ち込むことができる。自由で開かれたインド太平洋構想、クアッド（Ｑｕａｄ）、環太平洋経済パートナーシップ協定、海上自衛隊と米英仏蘭海軍との共同演習など、安倍晋三政権時に矢継ぎ早に進んだ外交的施策は、その端的な表れである。

続いて防衛・軍事戦略が来る。軍人の使命は、常に静かに構えることによって、武力紛争の発生を抑止することである。中国は孫子の国である。虚を突いてくる。刀の柄《つか》に手をかけて静かに構えていなくてはならない。自衛隊は即応性維持に余念がない。では政府はどうか。政治指導者はどうか。危機管理は段取り8割である。考えている暇などない。クラウゼヴィッツが言うように戦場には霧が出る。敵は見えない。敵は隠れ、かつ騙す。情報過疎の中で重い決断を矢継ぎ早に下さねばならない。準備と練習のないチームは必ず負ける。スポーツと同じである。

残念ながら、戦後、岸信介総理退陣以降、安全保障に目を瞑り、経済成長至上主義を掲げる総理が多かった。生殺与奪の権を米国に委ねて鼓腹撃壌《こふくげきじよう》を楽しんだ。しかし、米国は自らを助けない国は助けない。強くなければ同盟国ではない。ただのお荷物なのである。特に、有事に及んで自衛隊をバックアップする政府の危機管理体制の脆弱さが問題である。地震と洪水には強い日本政府であるが、有事など大規模な危機管理はあまり考えたことがない。

準備していなければ、危機に及んで、政府は崩れて麻痺する。コロナ禍の教訓である。政府に横串を通して最大のパワーを発揮させるべき総理大臣や政治指導者は、頻繁な政局でころころ替わる。突然の政局の後、総理官邸にパラシュート降下してくる総理大臣は皆、最初は「普通のおじさん、おばさん」である。しかも2年経たないうちにころころ替わる。それでは総理の仕事はできない。今の日本政府にはあまりにも有事に対する準備がない。

防衛予算も少なすぎる。第二次安倍晋三政権誕生時、民主党政権から引き継いだ防衛予算は4兆7000億円であった。その後、少しずつ上げて、今（2021年）は5兆3500億円程度である。いまだにGDP1％を超えていない。もはや経済規模3分の1の韓国の防衛費が日本の防衛費総額を抜き去る勢いである。

本来、NATO水準でGDP2％の防衛予算を適正と考えれば、日本の防衛費は10兆円でなければおかしいのである。政府はコロナ対策に88兆円を拠出した。戦争の惨禍はコロナの比ではない。戦争が起きてからでは遅いのである。戦争の抑止には巨額のお金がかかる。防衛能力の構築には長い時間がかかる。防衛費を増額し、自衛隊全軍の能力をどう向上させるかを国民的に議論する時代である。

また、経済面では、経済安全保障戦略の策定が必要である。安全保障政策と産業・科学技術政策が完全に遮断されているのはおかしい。どこの国でも最先端の科学技術は自国の安全保障と表裏一体である。科学技術の進展には巨額のお金が要る。研究開発にはリスクを取らねばならない。政府はマーケットよりも遥かに高いリスクを取らねばならない。科学技術の発展に国家の主権と自衛官の命がかかっているからである。金に糸目をつけずにどんどん最先端の科学の地平を切り開くのが、国家安全保障上の技術開発である。日本には、優秀な研究者、技術者、自衛官はたくさんいる。問題は、日本政府の中に、彼らの才能を国家安全保障に流し込み活用する仕組みも予算も担当部署もないことである。敗戦国である日本に極めて特殊な状況である。

特に、日本学術会議を始めとする学術界は左傾化が激しく、年間4兆円という巨額の血税を流し込まれながら、戦後一貫して日本の安全保障には絶対に協力しないと言い張っている。吉田茂総理が南原繁《なんばらしげる》東大総長を「曲学阿世《きょくがくあせい》の徒《と》」と罵倒して以来、状況はあまり変わっていない。もはや学術界は変わらないであろう。別途の国家安全保障のための巨大な研究拠点を設けるべきである。筑波、「けいはんな」に匹敵する全く新しい研究拠点を作る必要がある。例えば、量子研究あるいはサイバー研究について、横須賀などに研究拠点を作り、年間一兆円を導入して、内外の最先端の研究者、そして自衛官や米国防関係者を受け入れるということを考える時期に来ている。

最後に、自由主義的国際秩序のアジアへの拡大という日本の使命について触れておきたい。それは日本の国益であるだけでなく、日本の歴史的使命である。冷戦終了前後から次々と民主化に舵を切ったアジアの国は、私たち先進工業国家とは異なる道を歩んできた国々である。植民地支配され、人種差別され、モノカルチャーの農場や鉱山で牛馬のように鞭打たれて働かされた人々である。戦後まもなく独立を果たした後も、半世紀近い独裁に苦しんだ。彼らがこれから世界人口の6割、世界経済の6割を占める。彼らを民主主義国家として、欧米が中心だった自由主義的国際秩序に迎え入れるのは日本の責務である。それは同時に、アジアに独自の勢力圏を設けようとする中国に対抗する錦の御旗である。

最後に、本書を書くように勧めてくださった政策シンクタンクPHP総研の金子将史代表、本書執筆中の私を励まし続けてくださったPHP研究所の白地利成氏に御礼申し上げたい。両氏の励ましなくして本書が世に出ることはなかった。なお、第2章は、国際戦略研究フォーラムの季報に掲載したものを大幅に書き加えたものである。再録に快く応じてくださった長野禮子氏に御礼申し上げたい。

令和3年10月9日　目白の書斎にて

兼原信克

日本の対中大戦略

目次

第1章　自由主義的国際秩序を守るとはどういうことか

第2章　中国は19世紀、20世紀をどう歩んできたのか

第3章 対中大戦略を策定する——外交戦略

第4章

台湾・尖閣有事と日本の危機管理

第5章

経済安全保障を考える

第1章 自由主義的国際秩序を守るとはどういうことか

自由主義的国際秩序を守る

外交では、軍事力、経済力、錦の御旗（価値観）の3要素を組み合わせて、総合国力とする。軍事的に強くても、経済力がなければ、いずれ軍の装備は屑鉄の塊になる。経済力がどんなに大きくても、信じるものがなければ、ただの守銭奴、拝金主義である。人には、正しいと信じるものがある。誰からも押し付けられたものではなく、良心が命じる何かがある。それが価値観である。人は価値観を共有して共同体を作る。共同体は価値観への信頼によって支えられている。正しい価値観を掲げる人に、人はついていく。リーダーシップに最も必要なものは、力でもなく、金でもない。何を正しいと信じているかである。何が正しいかは、己の外側には求められない。自分の良心だけが照らし出してくれる。

戦後日本の外交論では、価値観に関する議論が非常に少なかった。敗戦の衝撃で茫然自失した日本人は、自らの価値観に対する自信を失った。その後、東西冷戦の磁場が強くかかった国内政治では、米国の掲げる自由主義とソ連の掲げる共産主義が、日本社会のみならず、日本人のアイデンティティさえも引き裂いた。日本人のアイデンティティが分裂している間は、日本の価値観についての議論などできるはずもなかった。

しかし、冷戦が終わってすでに30年である。日本は、明治以来、自由主義と民主主義を掲げて国を作ってきた。日本は、満洲事変以降、軍の暴走で大きく道を誤ったが、戦後は再び自由主義陣営の雄として返り咲いた。敗戦国日本は、冷戦では勝ち組となった。

日本を含む西側社会が育て上げてきた自由主義的国際秩序は、19世紀、20世紀を通じて、幾多の聖人、偉人が、時には命を失ってまで、小石を積み上げるようにして少しずつ築き上げてきた人類の遺産である。奴隷貿易の否定、奴隷制の否定、戦争と大量殺戮の否定、人種差別の否定、民族の自決、極端な社会格差の否定、独裁政治の否定、性差別の否定と、人類は、一歩、一歩、自由主義的な国際秩序構築に向けて歩んできた。

肌の色、人種、性別に全く関係なく、全ての人の尊厳を平等と認め、全ての人が幸せになるために生まれてきたことを信じ、殺し合いを否定し、話し合いを尊び、民意を天意として権力を駆動し、共によりよく生きようとする。それが自由主義の神髄である。今、日本が、国家戦略をもって守ろうとしているのは、この自由主義的な国際秩序である。

戦略的思考とは何か、自由とは何か

国家戦略を論じる前に、戦略的思考とは何だろうか。戦略的思考とは、人間が個人と家族を守り、同時に共同体として生き残り、よりよく生きようとするためのコミュニケーションのための思考方式である。人は一人では弱い生き物である。だから共同体を作る。そのために人は神から温かい心を与えられている。共に生きようとすれば、「何が直面する困難で、何を守らねばならず、そのためには何をしなくてはならないか」という考えを、周りの人々と分かち合わねばならない。そのための一番普通の思考方式が戦略的思考である。実践的思考と呼んでもよい。それは問題設定、目標設定、解決策の提示という単純な三段論法である。

群生の動物は皆、本能によって共同体を作る。狼の群れは最強の若い狼たちが前に出て、中央でボスが子供や雌を守り、壮年の狼が後方を守るという。蟻や蜂は女王のために巣を作り、協働して食料を集める。しかし、人は、言葉を駆使した知的営為によって共同体を作り守る。だから戦略的な思考と呼ぶ知的営為、精神的営為が必要なのである。

この知的営為の土台には、人の優しさがある。私たち人間の共同体は、温かい心に支えられて、寄り添って生きるように作られている。信頼が社会を支える。温かい心を聖者のように神の愛、仏の慈悲と呼んでもよいし、哲人のように人間の真実と呼んでもよい。それは同じものである。そこではジョン・ロックに典型的に見られるように理性と霊性が交錯する。

「自由」の意味が狭すぎる

日本のように災害の多い国では、助け合って生きるという高潔な優しさが研ぎ澄まされる。社会は信頼でできている。日本では政府よりも社会に対して人々が持つ信頼感が厚い。信頼は言葉によって紡がれる。

言葉は、人がよりよく生きるためのコミュニケーションの道具である。共に生きようとする意志が、言葉を生み、戦略的思考を生み、絶え間ない話し合いを通じて合意を生み、掟を生み、倫理を生み、法を生む。人の社会のあるところ、必ず法がある。それが法の支配の本当の意味である。それは個々の人間と同時に共同体を、そして共同体を支える権力者をも縛る実在である。その法が守るものを価値と呼ぶ。

私たちの価値は自由である。自由とは自分勝手のことではない。浅薄な反権力でもない。人は自由な意志によって、共同体の維持と発展に自らをコミットする。共に生きのびるため、共によりよく生きるためである。だから人は公に貢献しようとする。そこから使命感が生まれる。他者への奉仕が自分の使命だと思えるようになる。他者に尽くすことが本当の自己実現であると納得できるようになる。本当の自由とは、自己実現のことである。

日本では外来語である「自由」の意味が狭すぎる。本当の自由には、人間に与えられた利他同一、梵我一如《ぼんがいちにょ》の境地が伴う。ルターは、『キリスト者の自由』の冒頭で、キリスト者は全ての権威から自由であり、かつ、万人の僕《しもべ》であると書いた。同様に悟りを開いた大乗教徒は他者救済のための自己犠牲を厭わない。浄土真宗のなかには、人は死後、仏になって蓮の花の中に生まれ変わった後、再び下界に降りて衆生を救うという教えがある。心の中に神や仏を見た人は、他人の救済のために自分の人生を使いたいと思うようになる。人の心の深いところに埋火《うずみび》のようにともっている温かい心が燃え上がるからである。そこから自己実現の欲求が生まれる。社会貢献の英気が生まれる。孟子はそれを浩然《こうぜん》の気と呼んだ。トルストイは『神の国は汝等の衷《うち》にあり』の中で、蒸気機関車に蒸気が入るようだと喩《たと》えた。全ての既成概念を取り払って、自分に忠実に生き、世の中の役に立ちたいと願う。それが本当の自由である。

価値観の外交と歴史を見る眼

もとより共同体は、よりよく生きるための共同体であるから、富と繁栄が求められる。富は生み出されねばならず、分配されねばならない。貧困は共同体の毒であり、開きすぎた格差は共同体を破壊する。また、共同体は、物理的に守られねばならない。共同体の外から襲いかかる脅威を除かねばならない。また、共同体の中でルールを守らない人を罰せねばならない。そのためには力が要る。

「信」と「食」と「兵」

共同体の運営には、価値と富と力が要る。今から2500年前、中国の孔子は、『論語』の中で、「信」と「食」と「兵」を国家運営の三つの要諦として挙げた。「信」とは仁政に対する民の信頼であり、「食」とは豊かな暮らしであり、「兵」とは軍事的な安全のことである。現在の言葉に直せば、価値観、繁栄、安全である。それは、今日、日本を含む多くの国が考える国益そのものである。人の政治的営為の本質は、数千年を経ても変わらない。国益の定義も同様である。

ところで、孔子は、このうちの何から捨てるかと問われ、まず「兵」と答える。民族が生き残っていれば、たとえ一度軍事的に敗北しても必ず復興できる。屈辱を耐えて一旦下がって生きのびる。臥薪嘗胆である。民の命と民族の命脈こそ守るべきものである。武士らしくないと言われそうだが、これが外交的思考の神髄である。続いて、孔子は「食を去らん」と答える。「どうせ死ぬのだから」と孔子は答える。そして、死んでも「信」は譲らないと力強く答える。人々が政《まつりごと》に寄せる信頼は、仁に対する信頼である。仁は儒者の最高価値である。

仁とは、日本語で言えば、優しさのことである。共同体の芯にあって人々をまとめる哀しい幸福な感情である。哀しみの匂いがするのは、人は人の痛みを自分の痛みと感じるからである。幸福な感情であるのは、人は人の喜びを自分の喜びとするからである。

孔子は『論語』の中で仁とは「人を愛することだ（子曰愛人）」と述べている。それは動物としての人間に与えられている固有の力である。それを失えば、人は独りでは生きのびることができない。裸の個体に戻った人間は弱い。だから孔子は、たとえ餓死しても人として「信」だけは失わないと述べているのである。

何を成し遂げ、何を失敗したのか

価値観の問題が外交戦略論の中で論じられ始めたのは、日本では21世紀に入ってからである。これから21世紀の対中戦略を考えていく上で、外交における価値観の議論を深めることが必要である。

私たちは、今、自由主義的国際秩序の中で生きている。幸福を感じている。この自由主義的国際秩序を守り、支えていこうとしている。そして全体主義国家のまま台頭する中国が、それを脅かすのではないかと感じている。この自由主義的国際秩序は、世界の歴史の中でどのようにして立ち上がってきたのだろうか。価値の外交を語るには、歴史を語ることが不可欠である。どのようにして今日、日本が拠って立つ自由主義的な国際秩序が立ち上がったのか。そこで日本はどう関わり、何を成し遂げ、何を失敗したのか。その教訓は何か。のたうつような激しい動きを見せた近現代世界史の流れと、その中での日本外交の歩みを踏まえなければ、私たちは、なぜ今日の自由主義的国際秩序が重要か理解できない。また、そもそも自らが唱える価値観外交の意味が分からなくなるであろう。

日本は、今、１８９０年に議会を開いたアジア最古の民主主義国家として、世界史上初のアジア自由圏創生に向けてリーダーシップを取ろうとしている。20世紀は、２度の世界戦争から国連を通じた平和の制度化へ、植民地支配から民族自決へ、人種差別から人種差別撤廃へ、独裁から民主主義へ、共産主義から自由主義へと、人類社会が大きな変貌を遂げた世紀である。日本の20世紀の歩みはジグザグであり、栄光と蹉跌《さてつ》が入り乱れる。

21世紀の日本人は、20世紀に、何を考え、何を失敗し、何を納得して今日の自由主義社会を支えているのかを振り返る必要がある。私たちは、そもそも自由とは何なのか、自由主義的国際秩序とは何を意味するのか、という問いに対して答えを持たねばならない。そうして初めて私たちは、40億のアジアの同胞の胸に、自由という灯《あかり》をともすことができる。そして、日本と同じように19世紀中葉から西欧列強の弱肉強食の世界に放り込まれた中国が、苦しみの果てに、どうして今日のような姿になったのかを理解することができる。その理解が対中政策の原点になるはずである。

弱肉強食の国際秩序への幻滅と自由主義思想への憧れ

先に述べたように、戦後日本の国際政治論では価値観の次元が取り上げられることがとても少なかった。少なくとも20世紀後半の日本の外交評論で価値観を正面から論じたものは皆無に近い。日中戦争から太平洋戦争へと連なる大東亜戦争で敗戦国となり、東西冷戦のイデオロギーで国内政治を分断された戦後の日本人は、国際規範に関する議論が苦手である。

現在、筆者の家内が代表理事を務めている日本の国際法学会は明治時代に創設された日本最古の学会の一つである。日本は、常設国際司法裁判所判事となった安達峰一郎を始めとして、歴代、数多くの優れた国際法学者や国際裁判所判事を輩出してきた。開国以来、国際法の研究は、日本が国を挙げて行ってきた事業であった。また、古来、日本には儒教、仏教に根差す深い宗教哲学があり、治世の要諦を伝える伝統もある。

しかし、現代国際政治の話になると、日本の国際的な規範（norm）に関する議論や価値観に関する議論はとても弱い。むしろ、日本人の中にはいまだに「欧米の（白人の）振りかざす国際正義は偽善だ」という主張をする人たちがいる。シニシズムに冒された哀しい心の叫びである。おそらく中国人も同じことをもっと強く感じている。

ヤクザな道を堅気の道とはき違え

なぜそうなるのか。明治日本が開国したとき、国際社会にルールがなかったからである。19世紀はジャングルの掟が支配する弱肉強食の過酷な世界であった。戦争は日常茶飯事だった。産業革命に乗り遅れたアジア人は、人間としての尊厳を否定され、人種差別され、人権を蹂躙され、独立を奪われ、領土を奪われ、植民地に貶《おとし》められ、奴隷制のモノカルチャー農場や鉱山で、鞭打たれて牛馬のように働かされていた。その姿は、同じ肌の色をした日本人には堕ちてはならない地獄に見えた。アジア人にとって、欧州植民地帝国が林立するアジアの国際秩序には一片の正義も感じられなかった。

岩倉遣欧使節団が、建国間もないドイツ帝国で鉄血宰相ビスマルクに会ったとき、「国際法を一生懸命に勉強しています」と健気に述べる岩倉たちに、ビスマルクは鼻で笑い、「弱小国が何を言おうと、強国はいつでも踏みにじることができるのだ」と述べた話は有名である。日本人は、国際社会に対する信頼を徐々に失っていった。東アジアの人々が最も忌み嫌った「弱肉強食」の禽獣世界に見えたからである。そして、日本人は、圧倒的な欧米の産業力、軍事力の前に、いつしかそれが当たり前だと思うようになった。欧米が主導する帝国主義の国際政治は永遠に続くものだと思い込んだ。ヤクザな道を堅気の道とはき違えたのである。

陸奥宗光の獄中詩「世界史を読む」

しかし、同時に、日本人は、欧米社会に強い憧れを抱いた。それは決して煌《きら》びやかな宮殿を構えた欧州諸王朝に対する憧れだけではない。黒煙を吐く工場群の林立がもたらす巨大な産業生産力や、それを支えた高度な科学技術の故だけでもない。19世紀後半の欧米諸国では、自由主義思想が横溢し、民主主義が根付きつつあった。

共和政は、決して古い政体ではない。世界近代史においては新しい政体である。フランス革命の生んだ共和国は、当初、欧州では過激な危険思想と考えられた。日本では第11代将軍徳川家斉の時代である。この頃、もし日本のどこかで一揆が起こり、藩主が百姓たちに斬首され、一揆の首謀者たちが寄り合いを作って藩政を牛耳り始めればどんな反応が出ただろうか。それを考えれば欧州諸王朝が受けた衝撃の想像がつく。周辺の王政諸国はフランスの共和政治に恐怖した。軍事の天才であったナポレオンの奮闘もむなしく、フランス国民軍（ラ・グランダルメ）は、旧態依然とした対仏大同盟諸国によって押しつぶされた。

にもかかわらず、自由主義の思想は、奔流のように欧州大陸を覆った。君主の教養に過ぎなかった啓蒙思想が、実際の政体として形を取り始めた。フランスは負けたが、フランス革命の思想は勝ったのである。欧州政治思想の展開は素晴らしい。ロック、ルソー、カントの時代である。日本では江戸時代である。19世紀、それが現実の政治を変え始めた。春の木々に芽が吹くように、欧州では議会政治、民主政治が広がり始めた。フランス革命の直前に共和制のアメリカ合衆国が大英帝国王権のくびきを外して、王政を知らないハナからの共和制国家として立ち上がったことも、新しい時代を予感させた。

日本は、徳川幕府の崩壊が速やかだったために、大清帝国や朝鮮王朝のような他のアジア諸国に半世紀ほど先駆けて開国と近代化に踏み切った。共産主義やナチズムのような全体主義思想が広がるのは20世紀の話である。19世紀の欧州には自由主義思想が横溢していた。弱肉強食の欧州権力政治に顔をしかめた日本人も、欧米諸国の自由主義的な国内政治には心を奪われた。陸奥宗光の詠んだ獄中詩に、「世界史を読む（読万国史書感）」と題したものがある。陸奥は、世界の歴史を紐解けば、弱肉強食の記録ばかりでうんざりするが、自由と平等を掲げた米国の独立革命の章だけは心が洗われる思いがすると記している。新しい日本を創ろうとした明治の日本人は、同時代のヨーロッパ人と同じように、自由主義思想に打たれたのである。

1889年、日本は、飛鳥時代から続く律令制度を改めて、近代的な明治憲法を制定した。伊藤博文の『憲法義解』が知られている。それは権利章典と統治機構を備えた立派な近代憲法であった。そして、1890年、帝国議会が開催された。自由民権運動に対する激しい弾圧はあったけれども、アジアで初めての総選挙が断行され、日本の国会は今日まで続くアジア最古の議会となった。帝国議会開設は、英仏独には後れを取るが、帝政ロシアの国会（ドゥーマ）開設やロシア憲法制定（1906年）よりも15年以上早い。

近代日本は、開国以来、着々とユーラシア大陸を征服し弱肉強食の掟の下で当然のようにアジア人を踏みにじる不義の国際秩序を目の当たりにした。そして同時に、人間の尊厳の絶対的平等を説き、人々の自由意志に権力の正統性を求める自由主義的な欧米の憲法原理に憧れた。明治以降の日本人は、その相克に悩み続けることになったのである。

日本の抱えた矛盾——植民地支配、人種差別への怒りとアジア征服の野望

それでは日本人は、近代化の扉を開いた後、どのような道を歩んだのであろうか。日本は、日清戦争、日英同盟、日露戦争を経て、とりあえず植民地化の危機を脱し、帝政ロシアの南下を押しとどめ、富国強兵路線を進んで、アジアの国として唯一辛うじて先発工業国家の一角に紛れ込んだ。その後、日本は、国内では世界的にも早かった男子普通選挙、

二大政党制の大正デモクラシーへと民主化を進め、同時に、国際社会では国際連盟の常任理事国として堂々たる国際協調路線を進んだ。幣原喜重郎外相の演出した国際協調の時代である。ワシントン軍縮会議、ロンドン軍縮会議が開催され、世界的規模で軍縮も進んだ。

しかし、国際協調のパートナーの中にアジアの隣人はいなかった。そのほとんどが欧米諸国の植民地に貶められていたからである。日本が国際協調のパートナーとした当時の欧米列強は、国内では自由主義、民主主義を掲げる国であり、同時に、海外では植民地帝国であり、人種差別主義者であった。まさにジキルとハイドである。そして日本も同じように、国内では自由主義、民主主義の導入に格闘しながら、国外では植民地帝国になる道を歩み始める。日本が唯一欧米諸国と違う点は、異なる肌色故に、人種差別に憎しみを覚えたことである。

日本は、第一次世界大戦中の対華21カ条の要求で、欧州列強と同様に大陸への拡張主義の片鱗を見せ始める。日本は、英国のアヘン戦争と香港の奪取、アロー号事件と欧米列強の中国進出（特にロシアのアムール川以北及び沿海州併合）、英国のミャンマー進出、清仏戦争と仏領インドシナの成立（ベトナムの消滅）、日清戦争（朝鮮独立と台湾割譲）、三国干渉後のロシアの遼東半島進出、英国やドイツの山東半島（威海衛、青島）進出、義和団事件以降のロシアの満洲居座り、多国籍植民都市と言うべき上海や天津の租界の林立等を目の当たりにしてきていた。大清帝国という巨獣が生きたまま貪り食われる様を目の当たりにしたのである。

それまでに日本自身が、ロシアの樺太への進出と樺太と千島列島との交換、日清戦争と台湾の日本への割譲、日露戦争と日韓併合を経験していた。日本は、第一次世界大戦を奇貨として、欧州の帝国主義国家の真似をして、青島などのドイツ権益の継承等を強引に要求し、欧州列強と同様に同じアジアの国である中国に重くのしかかったのである。

欧米社会を隔てるガラスの壁

同時にまた、日本は、欧米列強の植民地支配と人種差別に対して、内心、深い失望と憤りを感じていた。カリフォルニア州の中国人や日本人の排斥は、明らかに黄禍論に基づく人種的な差別であった。第一次世界大戦後のパリ講和会議で、日本代表団が恐る恐る出した人種差別撤廃決議が、思いの外、フランスなどの国々の共感を広く呼んだにもかかわらず、ウィルソン米大統領によって強引につぶされた。ウィルソンは、国際連盟を提唱して民主主義を国際政治に持ち込もうとした人物だが、同時に米国南部出身の人種差別主義者だった。

当時、国際社会とは「家族（family of nations）」と呼ばれ、欧州と南北米大陸にある白人でキリスト教徒国の集まりのことだった。アジアとアフリカは、すでに植民地に貶められていた。国際協調に努める日本人は、華やかな国際協調という檜舞台の上で、自らと欧米社会を隔てる分厚いガラスの壁を感じたはずである。後に総理となる若き近衛文麿は、パリ講和会議の直前に「英米本位の平和主義を排す」という論文を発表した。当時の国際秩序に対する根源的な不義を感じていたのである。

大日本帝国の滅亡への片道切符

１９３０年代に入り、米国発の世界恐慌（１９２９年）が世界を揺るがしたとき、先発の英米蘭などの植民地帝国は関税を用いて自国の閉鎖的経済圏を囲い込もうとした。新興の工業国家として植民地の小さかったドイツ、イタリアは国際秩序の現状打破を唱えて、拡張主義に走った。イタリア統一が１８６０年、日本の明治維新が１８６８年、ドイツ帝国統一が１８７１年で、皆、新参の国民国家でもあった。ドイツは欧州大陸の中で中欧と東欧への勢力拡張を図り、イタリアは地中海を挟んでエチオピアなど北アフリカへの勢力拡張を図った。

日本は、出先の関東軍が謀略による満洲事変を勝手に引き起こし、中国大陸での拡張主義にのめり込んだ。天皇陛下も政府も無視した軍の暴走であった。明治以来の「南進論（海軍）対北進論（陸軍）」のような国家戦略を巡る対立は、陸軍の出先である関東軍による満洲謀略で事実上北進に決した。帝国陸軍が大陸拡張政策にのめり込んだのは、その後の大日本帝国の滅亡への片道切符だった。

古今東西、チンギス・ハーンやチムール帝のような内陸草原（ステップ）を征服して回った騎馬民族の例を除けば、人口稠密なユーラシア大陸の海浜部において、拡張主義を取って成功する例は限られている。二度の大戦で敗退したドイツが良い例である。英国やオランダのように海洋に飛び出した国のほうが発展している。

しかし、日本陸軍は、天皇陛下の統帥権独立を口実としながら、陛下の統帥権を無視して勝手に満洲奪取に動いた。アジアの国である日本が帝国主義国家のようにアジアに攻め込んだのである。満洲事変にはアジア解放の大義がなかった。何らの国家戦略も、外交戦略も、統一された国家意思も持たないまま、国威発揚と武勲に焦る陸軍軍人は、陛下の御宸襟を苦しめながら、国政を壟断《ろうだん》してずるずると大陸拡張主義に溺れた。そして知将、蔣介石に引きずり込まれるようにして40万将兵の命を奪った日中戦争へと漂い、流れていった。

大西洋憲章は超一流の戦略的コミュニケーション

1941年、第二次世界大戦が始まって2年後、太平洋戦争開始直前の時点で、ルーズベルト米大統領とチャーチル英首相は、大西洋憲章を発表した。大西洋憲章は、平和主義で孤立主義だった米国民の心を、ナチスドイツとの戦争に孤軍奮闘する英国への関与に向けさせるべく書かれた米国民団結用の優れた戦略的コミュニケーション文書であった。それは、そのまま米国が掲げる戦争の大義となり、戦後、国連憲章やブレトンウッズ体制等を基盤とする世界政治経済の骨組みとなった。戦争の目的を記すだけでなく、戦後の世界史に道筋をつけた超一流の戦略的コミュニケーションである。

外務省本流の英米派、国際協調派でありながら、不幸にして東條戦時内閣の外相を務める巡り合わせとなった重光葵は焦った。重光は、大東亜会議を開催して「アジアの解放」という日本の大義を掲げようとした。日本は、大東亜会議に、当時独立国であったタイの他、日本が独立させたフィリピン、ビルマを招き、汪兆銘の中華民国を招き、日本自らが独立させた満洲国を招き、また、独立を支援していたインドをオブザーバーとして招待した。重光は、日本がドイツ、イタリアのような単に遅れてきた帝国主義国家、拡張主義国家ではなく、「アジアの解放」という理想を持っていることを内外に示そうとしたのである。

しかし、同じアジアの中国で満洲事変を引き起こし、日中戦争の泥沼にはまり、また、軍事的、外交的配慮からインドネシア、ベトナム、マレーなどのように独立を認めなかった地域もあり、日本の「アジア解放」の理想は汚れたままだった。軍の専横の下での日本外務省のイニシアチブには、はっきりとした限界があった。言行不一致だったのである。重光が大東亜会議で掲げたアジアの解放の理想は、お粗末な戦時宣伝工作として歴史の溝に放り込まれた。

欧米人を心のどこかで「偽善者」だと感じる

1945年、日本は敗戦し、7年の長きにわたる米国中心の連合国の占領下に入る。無謀な戦争で、日本は当時7000万の人口のうち、300万人の命を失い、国土は見る影もなく荒廃した。一縷の希望さえ見えなかった敗戦後の日本人にとって、無傷で第二次世界大戦を乗り切った米国が築こうとしていた戦後自由主義世界への参入こそが復活への唯一の道に見えた。旧軍の政治勢力の復活を恐れた吉田茂は、敗戦から7年後、豪胆にも300万同胞の命を奪った米国との同盟を決断した。

ちょうどその頃、日本が太平洋戦争中に駆逐した英仏蘭の欧州列強は、独立機運の高まるアジア植民地再征服のために改めて軍を派遣しつつあった。インドネシア、ベトナムでは独立戦争が火を噴いていた。

終戦直後の日本人は、一方で戦勝国となった先進工業国との協調を追い求めつつ、もう一方でアジアに再建されそうな植民地支配や、欧米で当然のように行われていた人種差別を黙認した。世界大戦で負けた日本人は、唇を噛んで、肌の色に基づく差別を静かな諦念と共に呑み込んだのである。ここに戦後、日本人が負った深い心の傷がある。この傷がうずくたびに、日本人は、19世紀以来欧米列強の築いた国際社会の不義を思い、人間の尊厳と自由人権と民主主義を説いてやまない欧米人を心のどこかで「偽善者」だと感じてきたのである。そして、この心の傷は中国人が負ったものと同じである。おそらくその傷は、私たち日本人が負った傷よりも遥かに深い。今日の中国を理解する上で、かつての日本人が負った心の傷を思い出すことは、重要なカギを与えてくれる。

20世紀前半の迷い道

戦後の日本人の一部は、欧米の主導する自由主義世界を拒否し、もう一つの理想として20世紀前半に登場した共産主義に憧れた。19世紀の欧州大陸では、議会が開かれ、自由主義的な思想が横溢していたが、同時に古い王政と貴族政治に基づく社会秩序が依然として社会の基盤にあった。

第一次世界大戦は、「ベル・エポック」と呼ばれた華麗な諸王朝が林立する欧州を打ち砕いた。ハプスブルク、ホーエンツォレルン、ロマノフという名家が倒れた。初めての総力戦で夥しい数の人間を殺し合った欧州の人々は、正義感、秩序感、世界観を喪失した。心の芯を失ったのである。何が正義なのか、正しい秩序なのか分からなくなった。人は共同体なしでは生きていけない。孤猿のような生活はできない。共同体には秩序が要る。人は何かにしがみつかなければ生きていけないのである。

社会秩序が崩落すると、人は心の芯を求めて、思想や、権威や、宗教や、その他の何かにしがみつこうとする。冷戦終結直後、筆者がポーランドの知人に「半世紀前、どうしてソ連に押し付けられた共産主義を受け入れたのか」と聞くと、知人は「何でもよかったのだ。価値観の真空の中で何かしがみつくものが必要だった」と述べていた。

価値の真空、社会格差の不満を吸い込む

20世紀初頭、価値の真空の中で、急に勢いを得た思想が共産主義思想である。貧富の格差と都市労働者の貧困の構造化は、工業化の初期に不可避の現象である。それは民族国家(nation state)という鉄枠の中にあってさえ、社会の分裂と破壊への強い衝動を生む。

マルクスが提唱した共産主義は、労働だけが価値を生むという前提の下、労働者が生産した価値を分配するために、労働者の政党による生産手段の独占、計画経済の実施、独裁的な政治体制の構築を主張した。

そして、その手段として暴力革命を推奨した。それが1917年のロシア革命によって現実の政体となったとき、その衝撃は、フランス革命が18世紀の欧州を揺るがしたと同様に、世界中を揺るがした。絵に描いた餅だと思っていたユートピアが実際の政治体制になって生まれ出たからである。その正体がディストピアだと判明するには、さらに半世紀を待たねばならなかった。

マルクスの予言とは異なり、先進工業国家であった英米仏では労働組合が生まれ、成熟した議会政治の中で富の再分配が進んだ。むしろ、共産社会は、これから工業化を進めようとする国々が、独裁によって初めから格差のない理想郷を作るための青写真として考えられるようになった。ソ連共産主義がそうであり、農村に拠点を置いた毛沢東もそうであった。

共産主義は資本主義の爛熟の末に現れるべき理想郷ではなく、工業化の初期に独裁的権力で伝統社会を破壊するための暴力的イデオロギーに堕落してしまったのである。しかし、初めての共産主義国家となったソ連（ロシア）の思想的影響力は大きかった。実際、世界各地で生まれた共産党は、モスクワのコミンテルンからの指示を忠実に受け取っていた。

社会格差の不満を吸い込んで巨大な政治エネルギーの凝縮に成功したのは、ソ連共産党だけではない。ドイツでは天才扇動家ヒトラーが「国家社会主義ドイツ労働者党」(ナチス)を作った。ヒトラーという悪魔の仔が美しいワイマール民主政治の胎《はら》から生まれ堕ちたのである。イタリアではファシスト党のムッソリーニが現れた。

生き残った左の全体主義

日本では、コミンテルンの指示で天皇制を否定した共産主義者は弾圧されたが、トップエリート集団である帝国軍人青年層が政治化した。5・15事件は海軍将校を中心とした軍人たちが、社会格差に怒り、権力、財閥に対する不満を爆発させたテロ事件である。

2・26事件は単なるテロ事件ではなく、皇道派陸軍青年将校による革命未遂事件である。昭和前期には、青年将校のみならず若手官僚や政治家の多くが社会の革新を求め、そのための独裁的、強権的な政府が必要と考えていた。昭和前期には左右勢力のいずれを問わず、あるいは政界、官界、産業界、軍部を問わず、革新が時代の合言葉であった。それは世界史的な動きの一環であった。

日本の軍部および戦前の右派勢力は、敗戦によって大きく政治力を削がれた。しかし、ナチスに攻め込まれたソ連は戦勝連合国側に回り、左の全体主義である共産主義は生き残った。共産主義的計画経済の壊死《えし》、個人の自由の窒息、独裁政権の腐敗と残虐な統治の実態が世界に知られるようになったのは、戦後、何十年も経ってからのことである。50年代、60年代にはまだ共産主義こそが資本主義に代わって人類社会を導くというユーフォリアが独り歩きしていた。そのための暴力も是認された。

日本においても、例えば1950年代には、革命によって労働者政党の独裁政府を立て、銀行と企業を国有化して、労働者の理想郷を築くという考え方は、今からは考えられないくらい広く労働組合の活動家や学生運動家に浸透していた。当時、彼らは自分たちをリベラルではなく革新勢力と呼んでいた。

リベラルとは本来、米国の民主党を支持する進歩的な人々を指す言葉である。個人の自由意志に政治権力の正統性を求める自由主義がその基盤にある。日本にリベラリズムが根付くのは60年代の米国に強いリベラルな雰囲気が出た後のことである。

50年代の日本の革新はリベラルではなかった。むしろロシア革命の落とし子であった。戦後の革新とリベラルは違う。両者を担う世代も異なる。高度経済成長前に生まれた日本人が革新を担い、豊かな日本しか知らない日本人がリベラルを担う。その相違はまた、日本を引き裂いた国際冷戦を反映している。戦後の革新は全体主義的、共産主義的なロシアに源流があり、戦後リベラルは個人主義的、自由主義的なアメリカに源流がある。ところがソ連の悪評が立つと、皆、自分のことを「リベラルだ」と言い始めた。都合の良い話である。

米国に対する行き場のない暗い感情

欧米の自由主義社会の一員となり、急速に戦後復興を果たし、60年代には早くも英仏独の経済規模を抜き去った日本は、自由民主党が率いる政府の下で全体として西側への傾斜を深めていったが、その一方で日本社会党、共産党、官公労、学生運動家を中心とした人々は、資本主義に基づく西側世界を拒否して、全体主義国家であるソ連を選んだ。メディアとアカデミアの多くが同調した。この国内冷戦による日本分断は、日本に特異な現象である。英国労働党もフランス社会党もドイツ社民党も西側の一員としての立ち位置が明確であり、日本のような激しい国内冷戦はなかったからである。

その心底には、いまだ色褪せていなかった共産社会への憧れがあっただけではない。戦前、近衛が述べたような英米本位の国際秩序、即ち、植民地支配と人種差別の横行する国際秩序に対する不信感が蜷局《とぐろ》を巻いていた。さらに言えば、太平洋戦争で300万の同胞を殺し、また、戦後赤心の平和主義を誓った日本人に再軍備を強いた米国に対する行き場のない暗い感情も流れ込んでいた。

国際冷戦の磁場を受けた日本は、ドイツや朝鮮のように分裂することはなかったが、国内がイデオロギーによって真っ二つに割れた。東側（共産圏）に軸足を差し込んだ人たちは、米国が主導する自由主義、民主主義を正面から否定することになったのである。

地球的規模での自由世界の創生（1）——欧州植民地帝国崩壊と民族自決

ところが、戦後、世界秩序は激変した。回天の日は、日本が敗れた直後にやってきた。人類の良心は「宗主国と植民地」という天国と地獄の二層に分かれた不義の世界秩序の存続を許さなかったのである。アジアやアフリカの欧州植民地帝国が相次いで崩落し始めた。日本が夢想した肌の色に関係のない、人間一人ひとりの自由な意志に正統性の根拠を置いた国際秩序が姿を現し始めたのである。戦前の日本人が、日本敗戦の後、決して実現しないであろうと思っていたアジアの繁栄、自由世界の創生に向けて、地殻変動が始まったのである。

欧米人による植民地支配は、イベリア半島のレコンキスタ後のスペインとポルトガルの世界雄飛から始まる。その後をオランダ、イギリス、フランスが追った。これらの欧州列強は、16世紀以降、カリブ海、南北アメリカ大陸、マレー半島やインドネシアを征服し、残虐な方法で原住民に奴隷労働を強いて、収奪的な植民地経営を実現した国々である。しかし、ユーラシア大陸を制覇していたオスマン帝国、ムガル帝国、大清帝国といった騎馬民族系の諸王朝は無傷であった。いずれも武門で鳴らしたモンゴル・チュルク族の王朝であった。帯刀したサムライが統治していた徳川幕府の日本も同様である。これらの国に対しては欧州人も腰を低くして商業に勤しんでいた。

しかし、産業革命後、巨大な国力を手にした欧米諸国は、猛烈な勢いでユーラシア大陸の諸王朝を併呑し、あるいは、蚕食《さんしょく》していった。徳川幕府の後を襲った明治政府だけが辛うじて先陣の工業国家の仲間入りを果たしたのである。産業革命後の欧米諸国の急激な国力増大は、アジア人の間に白人不敗神話を生んだ。だが、実際には、それから100年経たないうちに、地球的規模で広がった欧米の植民地帝国は、巨大な瀑布のように音を立てて崩れ落ちたのである。

インドの独立がその嚆矢《こうし》となった。聖者ガンジーは、大英帝国が支配するインドで弁護士として名を上げ、また、かつてボーア戦争、ズールー戦争、第一次世界大戦には、大英帝国軍の医療兵として参戦していた。しかし、ある日、人種差別の不正義に気付いてからは、グジャラートの河畔の小さな白い家に籠り、粗末な板の間に座って静かに糸車を引きながら、思索と瞑想にふけった。そして「サティヤグラハ（愛と真実による抵抗）」の実現こそが自らの使命であると悟り、大英帝国への不服従と非暴力（アヒンサー）を訴えた。

浩然の気

ガンジーが「サティヤグラハ」で唱えた愛と真実とは、日本人が温かい心と呼ぶ心の深奥にある優しさと同じものである。それは儒者が仁と呼び、キリスト者が愛と呼び、仏教徒が慈悲と呼んできたものと同じである。ガンジーの籠《こも》ったグジャラートの何の装飾もない板の間には、日本人僧侶が贈った白い小さな（悪を）見ざる聞かざる言わざるの像が文《ふ》机《づくえ》の上に置いてあった。

そこに気が付けば、肌の色に関係なく、全ての人が幸せに生きるために生まれてきたという単純な真実を見据えることができる。自らを飾り立てた権威が全ての輝きを失う。良心が活性化し、生命の力が湧いてくる。先にも述べたが、トルストイは、『神の国は汝等の衷にあり』の中で、その様子を蒸気機関車に蒸気が入るようなものだと喩えた。紀元前3世紀に、孟子はその英気を「浩然の気」と呼んだ。

人はそのエネルギーをもとに共同体を作る。一人ひとりの良心は平等なのだから、共同体は構成員の自由意志に基づく合意による。同意が支配の正統性を与える。同意のない支配はあり得ない。宗主国である大英帝国も、国内では民主主義を唱えて、同じことを言っているではないか。それなのになぜ、インド人が差別され、人間としての尊厳と人権を否定されねばならないのか。ガンジーの問いかけは、19世紀にすでに自由と平等の理想を民主的な政治制度に具現化していた西欧人の肺腑を抉《えぐ》った。

良心から出てくる怒りは消えない。踏みにじられる弱者を見た人の怒りは、消えることがない。愛が怒りに変わるからである。人は戦い続ける。非暴力を掲げたガンジーは不屈の闘志でインドを独立に導いた。第二次世界大戦終結からわずか2年後の1947年8月15日のことである。日露戦争で初めて日本人が白人の帝政ロシアを破ったときの衝撃を、遥かに超える衝撃波が世界中に響いた。インドが19世紀以降世界に君臨した大英帝国を破って独立したのだ。それも非暴力を唱えながら。

100年もたなかった欧米植民地帝国の地球制覇

インドの放った民族自決の狼煙《のろし》は、たちまち世界中の植民地で澎湃《ほうはい》とした独立運動を沸き上がらせた。民族自決の津波は、50年代、60年代を通じて、アジア、アフリカに林立した欧州植民地を一気に大崩壊へと導いた。

ベトナムでは、300万人の尊い命を犠牲にしてフランスや米国と戦ったホー・チ・ミンが独立を獲得した。インドネシア独立を阻止しようとして再侵略を試みた英国やオランダは駆逐された。また、スエズ運河国有化に反対して出兵した英国やフランスは新興超大国の米国とソ連の双方から冷笑され、老いた植民地帝国として笑いものとなった。

旧式の帝国主義国家を突き放した米国であったが、ベトナムでは、戦争の本質をベトナム人の民族自決のための独立戦争ではなく、朝鮮戦争のような共産主義者の侵略だと取り違え、フランスの後を襲ってベトナムに介入し大きく道を誤った。ホー・チ・ミンは、初め米国に接近したが、米国はフランスのＮＡＴＯ加盟問題を人質に取られて、フランスに加担して参戦したのである。圧倒的な米国の国力であったが、民族意識に目覚めたベトナム人は執拗なゲリラ戦で跳ね返した。数千万を優に数える覚醒したアジアの民族を、欧米人が火力で踏みにじることはもはや不可能であった。

アジア、アフリカの国々は、次々と誇り高く独立した。世界の国の数は50から１００を超えるまでになった。現在の国の数は２００ほどである。弱肉強食の世界が永く続くという戦前の日本人の予想は大きく裏切られた。欧米植民地帝国の地球制覇は、１００年もたなかったのである。なお、米国は１９３５年の時点でフィリピンの独立を決めていた。自由と平等を掲げて植民地から身を起こした米国には、やはり植民地支配はどこかしっくりこなかったようである。戦後までフィリピンを独立させなかったのは、満洲事変を引き起こした日本軍の南進を恐れたからである。

地球的規模での自由世界の創生（２）——廃れていった人種差別

欧米社会も変わった。総力戦となった二度の世界大戦で荒廃し、また、地球的規模で植民地を失った欧州諸国は、共同体の創設に向かった。特筆するべきは、１９５０年代に米国で始まった公民権運動である。

戦後、自らの突出した力によって国際平和を支えようと決心した米国は、孤立主義と平和主義と決別し、自らの国内政治の理想を国際政治の場に持ち出した。人は生まれながらにして自由であり平等であり、皆、幸福になるために生まれてきた。人々の自由意志こそが全ての権力の正統性の根源にあるのであり、自由な人々が話し合い、合意して憲法を建て、政府を建て駆動し、同時に縛る。それが米国憲法の原理的考え方であった。また、米国は国際連合を立ち上げ、自らの圧倒的な力をもって、第一次世界大戦後から主張していた国際平和の制度化に動いた。米国のリーダーシップは傑出していた。

しかし、米国には弱点があった。制度的人種差別である。アジア、アフリカの国々が怒濤のように独立を果たした直後、彼らの敵意は宗主国に向かい、長い間押し付けられてきた人種差別に向かっていた。皮肉なことに、宗主国の多くは、共産化したソ連を除いて19世紀以来の民主主義国家だった。今日、先進民主主義工業国家と呼ばれている一群の国である。

アジア、アフリカの国々は、いかなる理由であろうとも宗主国が内政へ容喙《ようかい》することを峻拒《しゅんきょ》していた。彼らにとって人種差別を肯定し、人間の尊厳を踏みにじった欧米諸国の民主主義に魅力はなかった。多くの国々がお手軽な富国強兵を求めて独裁に走った。

ちょうどその時、米国にキング牧師が出て、米国は大きく制度的人種差別撤廃へと舵を切ったのである。数百年間、欧州人によって南北米大陸の歴史に刻まれた奴隷労働の歴史は人倫に大きく悖《もと》るものだった。残酷な銀山労働等によるインディオ人口の激減を見たスペインやポルトガルが始めたアフリカ人奴隷輸入のための奴隷貿易は、その後、大西洋の覇権を握ったイギリスにも引き継がれ、北米大陸にはアフリカ系の人々が牛馬のように集められた。悪名高い奴隷船である。劣悪な衛生条件の奴隷船の中で、あるいは、到着後の新大陸での過酷な労働で、夥しい数の人間が動物のように死んだのである。

奴隷制と神を巡る宗教論争の匂い

しかし、米国は清教徒の建てた国である。アメリカ人の中で何かが弾けた。キリストの福音を信じ、宗教的情熱に駆られた激しい奴隷解放運動家（アボリショニスト）たちが輩出する。奴隷制の是非は米国国民を南北に激しく分断した。やがて19世紀の人類が経験した最大の戦争となる南北戦争が始まり、60万人のアメリカ人が死んだ。

南北戦争は、奴隷を使わない工業の北部対奴隷労働者に依存する農業の南部という安易な図式では理解できない。奴隷制と神を巡る宗教論争の匂いがする。勝利したリンカーン大統領が奴隷制を廃止する。リンカーンはその後すぐに暗殺された。命と引き換えの奴隷制廃止であった。しかし、アラバマ州、アーカンソー州、ミシシッピ州などの南部諸州では、引き続き陰湿な黒人隔離政策が取られることとなった。悪名高いジム・クロウ法はその典型である。

1950年代に入ると、全米を揺るがす大きな事件が次々と起きる。1954年、アラバマ州の州都モンゴメリーで、白人からバスの席を譲るように迫られた42歳のローザ・パークス女史が敢然と拒絶して逮捕されるという事件が起きた。すでに当時、アメリカ社会の底辺には有色人種の不満のガスが充満していた。ローザは、その怒りに火をつけたのである。バスの集団ボイコット運動が始まった。この事件は、今日、公民権運動の端緒と位置付けられている。

また、1957年、アーカンソー州の州都リトルロックにあるリトルロック高校では、初めて9人の黒人学生が入学を認められたが、保守的なフォーバス州知事が州兵を派遣して登校を阻止しようとした。世論に押されたアイゼンハワー大統領が陸軍101空挺師団を派遣して、黒人高校生の登下校を護衛するという騒ぎになった。「リトルロック・ナイン」は公民権運動のシンボルとなった。50年代、60年代の米国南部における人種差別を巡る剣呑な雰囲気は、グレゴリー・ペック主演の名画『アラバマ物語』や、ジーン・ハックマン主演の『ミシシッピー・バーニング』に見事に描かれている。

「戦い続けよ」

公民権運動を率いたのは、ガンジー同様、非暴力を貫いた聖者、キング牧師である。暗殺の恐怖、家族に危害を加えられる恐怖に押しつぶされそうになった夜、キング牧師は、まばゆい光を見た。そして光の中から「戦い続けよ」というキリストの声を聞いた。キング牧師の不屈の闘志は、公民権運動を大きな政治のうねりに変えていった。

1963年8月、ワシントンは異様な熱気に包まれた。リンカーン・メモリアルで、奴隷解放宣言を発したリンカーンの巨像を背にしたキング牧師は、米国議会議事堂とワシントン・モニュメントを望むモールを埋め尽くした群集に語りかけた。キング牧師は、独立宣言を引用して、全てのアメリカ市民は、肌の色にかかわらず、自由、平等、幸福追求の権利が認められていると高らかに宣言したのである。

キング牧師の「I have a dream（私には夢がある）」と題された演説は、米国人のみならず、全世界の人の胸を打った。

「私には夢がある。それは、いつの日か、この国が立ち上がり、全ての人間は平等に作られているというこの国の信条を、真の意味で実現させるという夢である。私には夢がある。それは、いつの日か、ジョージア州の赤土の丘で、かつての奴隷の息子たちと奴隷所有者の息子たちが、兄弟として同じテーブルにつくという夢である。私には夢がある。それは、いつの日か、不正と抑圧の炎で焼け爛れたミシシッピ州が、自由と正義のオアシスに変じるという夢である。私には夢がある。それは、いつの日か、私の4人の幼い子供たちが、肌の色によってではなく、人格によって認められる国に住むという夢である。今日、私には夢がある。私には夢がある。それは、邪悪な人種差別主義者たちが住み、（人種差別禁止の）連邦法の実施拒否を主張する州知事のいるアラバマ州でも、いつの日か、黒人の少年少女が白人の少年少女と兄弟姉妹として手を繋ぐという夢である。今日、私には夢がある。私には夢がある。それは、いつの日か、あらゆる谷が高められ、あらゆる丘と山は低められ、でこぼこした所は平らにならされ、曲がった道がまっすぐにされ、そして神の栄光が啓示され、生きとし生けるものがその栄光を共に見ることになるという夢である」（私訳）

世界のリーダーとなる資格を手に入れた

翌1964年、ジョンソン大統領は、人種差別を撤廃する法案に署名した。しかし、その後も激しい人種対立は続いた。1965年には、キング牧師の率いるデモ隊が、非暴力を象徴する静かな行進を企画してアラバマ州のセルマを出発し、州都モンゴメリーを目指した。

しかし、ウォレス州知事の派遣した警官隊は無抵抗のデモ参加者に催涙ガスを発射し、棍棒や鞭で手当たり次第に殴打した。その映像は当時すでに普及していたテレビによって全米に流され、アフリカ系アメリカ人のみならず、アジア系やラテン系のアメリカ人、そして白人のアメリカ人にも強烈な衝撃を与えた。全米の憤激を前に、少なくとも制度的な人種差別は、徐々に姿を消していった。

私たちの知っている、肌の色に関係なく様々な人種が活躍するニューヨーク・シティに代表される自由の国アメリカが、ようやくその姿を現したのである。1960年代のことである。戦後生まれの日本人を魅了したリベラルなアメリカが生まれたのである。

アジア、アフリカの国々が大挙して独立し始めた1950年代、60年代に米国が制度的な人種差別を撤廃したことは、米国の掲げる自由と平等という理想が、決して白人のキリスト教国だけに与えられた特権ではなく、万人に天から与えられた権利であることを証明することになった。米国は、民族自決の大波が洗った地球社会において、改めて世界のリーダーとなる資格を手に入れたのである。多くの欧州諸国がそれに倣った。米国の人種差別政策がもしもうしばらく続いていれば、日米同盟も今日のような固い絆となることは難しかったであろう。最後に残った南アフリカのアパルトヘイトは、ネルソン・マンデラの不屈の闘志で崩れ去った。

地球的規模での自由世界の創生（3）――ソ連邦の崩壊と共産圏の消失

1991年、ソ連邦が崩落した。北極海を挟んで無数の核ミサイルを向け合ったまま米国と対峙し、欧州大陸で膨大な通常戦力を積み上げてNATO軍と対峙したソ連赤軍は無傷なままであり、世界を震え上がらせたKGBや秘密警察も無傷だった。膨大な石油や天然ガス資源も無尽蔵にあった。しかし、ソ連という国家が、爆破されたビルが倒壊するように、一瞬で内側から崩落した。

個人の自由を封殺し、個人の良心を封じ込め、権力を持つ者が腐敗した富を独占した共産主義体制は、人々の信頼を失っていた。民の信頼と切り離された裸の権力は、腐敗にまみれた独裁権力となる。カネと権力闘争だけが目的の暴力装置になり果てる。拡張主義に走り周辺の弱小国を屈服させようとする。それは古今不変の真理である。そしていつか人々の信を失って倒壊する。ウクライナがソ連邦を飛び出すと、続いてロシアがソ連邦を飛び出した。大黒柱を失って形骸化したソ連邦は、洪水に押し流される藁《わら》ぶき屋根の家のように簡単に崩れた。

「想像の共和国」から現実の共和国へ

東欧共産圏は、ソ連より先に崩れた。ハプスブルク家の下で発展する西欧の息吹を吸っていたチェコ人やスロヴァキア人やハンガリー人は、初めからロシア人の粗野な支配が嫌いだった。ルーマニアでは、豪奢な生活を営んでいたチャウシェスク大統領夫妻が銃殺された。スターリンとヒトラーの密約（モロトフ・リッベントロップ協定）によって独立を失っていたバルト三国も誇り高く独立した。アゼルバイジャンでは、独立直前、若い人々が自由を求めて手を繋ぎ「人間の鎖」を作って抵抗の意思を非暴力で示した。ソ連軍は銃の乱射で答えた。血の涙を流したアゼルバイジャン人は、独立の喜びに震えた。

帝政ロシア時代に植民地化され、ロシア化されていたコーカサスのグルジア、アルメニア、アゼルバイジャン、さらに、中央アジアのカザフスタン、ウズベキスタン、タジキスタン、キルギスタン（現キルギス）、トルクメニスタンも高らかに独立を宣言した。ペルシヤ系のタジキスタンを除く中央アジア諸国とアゼルバイジャンは、かつてモンゴル族と共にロシアを支配していた騎馬民族のモンゴル・チュルク人（タタール人）の国々であった。アゼルバイジャン、カザフスタン、トルクメニスタンのような石油、天然ガスを有していた国々は、それまでロシアに安く買い叩かれていたエネルギー資源を売りさばいて、瞬《また》く間に発展していった。

暴力革命を肯定し、個人の良心と自由を封殺し、無神論を掲げたソ連共産主義は、「ソ連人」というアイデンティティを創ることができなかった。全く来歴の異なる移民の国アメリカは、星条旗に強烈なアイデンティティを感じるアメリカ人を創った。言葉も宗教も全く違う無数の島からなるインドネシアも、スカルノの卓越したリーダーシップで「パンチャシラ」という理想を掲げ、信仰と寛容と公正を唱えて新しいアイデンティティを確立した。「想像の共和国」は、現実の共和国として近代的国民を生み、国民国家の形を整えていった。

国内冷戦のイデオロギー対立に終止符

しかし、共産主義国家は、いずれも国民国家になれなかった。新しい「国民」を創れなかったからである。良心と愛を封殺する権力者が、どんなアイデンティティを押し付けようと、それが国民の心の芯に据わることはない。ユーゴスラビアも同様である。共産主義のユーゴスラビアは、共産党指導下の「ユーゴスラビア人」を創り出せなかった。ユーゴスラビアは崩壊し、セルビア、モンテネグロ、マケドニア（現北マケドニア）、スロヴェニア、クロアチア、ボスニア・ヘルツェゴヴィナが独立した。コソボも独立した。

21世紀に入ると、純然たるマルクス・レーニン主義の全体主義国家は、北朝鮮、キューバを残すのみとなった。

冷戦後の日本では、共産党は生き残ったが、日本の革新勢力を代表していた日本社会党は、冷戦終了の衝撃を受け止めきれず瓦解した。60年代、70年代に日本を震撼させた新左翼運動も、過激な浅間山荘事件等を引き起こして国民の支持を失っていた。日本は高度経済成長の中で徐々に大きく自由主義に向かって舵を切っていった。冷戦の終了は、すでに色褪せていた国内冷戦のイデオロギー対立に終止符を打った。

価値観外交の提唱とアジア自由圏の創生
――自由と繁栄の弧、自由で開かれたインド太平洋

冷戦が終わり、膨大な量の核兵器を溜め込んだ米国とソ連による厳しい東西二極対立の磁場が消滅した。日本外交は、突然、自由度を増した。

ソ連崩壊の1年前（1990年）、イラクの独裁者サダム・フセインがクウェートに侵攻した。国連憲章の掲げる国際平和の理想を正面から踏みにじる暴挙だった。米国を中心に世界中の国が馳せ参じて、サダム・フセイン軍をクウェートから叩き出した。軍事的にどれほど役に立とうが立つまいが、多くの中小国も有志国連合に加わり国旗を並べた。その中に、日章旗はなかった。日本はガソリン税を増税して2兆円を弾き出して届けた。しかし国際社会の反応は思わぬ冷笑だった。日本は血をカネで購うのかと嘲《あざけ》られた。日本外交は「小切手外交」と揶揄《やゆ》された。

当時、すでに、日本が世界第二の経済大国になって四半世紀が経っていた。国民世論の中に日本も国際秩序を支える責任を果たさねばならないのではないかという機運が出てきた。90年代前半には「国際貢献」が日本外交の真剣な課題となり、国連平和維持活動への自衛隊参加が希求された。

アンゴラから始まった日本のPKO（国連平和維持活動）は、内戦の傷跡に苦しむカンボジアの建国支援に参加して大きな足跡を残した。自衛隊の本格的海外活動の始まりだった。90年代には北朝鮮の核開発も表ざたになり、朝鮮半島がキナ臭くなった。日本は大わらわで法律を整備して周辺有事における米軍への後方支援を可能とした。ソ連の北海道侵攻への備えに集中してきた自衛隊の任務が、朝鮮戦争以来、初めて朝鮮有事にも拡大された。日本が米国に頼り切っていた地域安全保障への主体的な貢献の始まりであった。

敗戦国の十字架を越えて

90年代、バブル経済で潤っていた日本は、崩壊した共産圏から飛び出してきた東欧圏に巨額の経済支援を決定した。共産圏を脱した東欧圏諸国の民主主義育成と計画経済から市場経済への移行が目的だった。西欧諸国は、赤軍の介入を恐怖して動かなかった。まさかの友は真の友である。東欧諸国は、この時の日本の支援を決して忘れていない。

また、ＡＳＥＡＮ（東南アジア諸国連合）諸国は、86年にフィリピンが民主化に踏み切り、87年には韓国が民主化し、90年代には海浜部のＡＳＥＡＮ諸国と李登輝《りとうき》総統指導下の台湾が民主化した。日本は民主化の始まった東南アジアへの経済援助を惜しまなかった。

当時の日本外務省には、冷戦終了を踏まえた能動的な外交を行おうという雰囲気が溢れ始めていた。また、日本が明治以来拠って立ってきた普遍的な価値観に立脚し、また、戦後の「西側の一員（中曽根康弘総理）」としての立ち位置を踏まえ、自由主義的な国際秩序を責任ある大国として支えていこうという覚悟が生まれてきた。

それまでの東西冷戦が構造化された国内冷戦のイデオロギーに縛られた日本外交は無様だった。国民の安全よりも、国家安全保障よりも、国会での社会党対策、左派メディア対策が優先され、骨太の安保論争は小手先の憲法論争にすり替えられ、現実主義的な戦略的思考は麻痺していた。

岸総理退陣後、いつの間にか「安保問題で左派を刺激するな」という保革なれ合いのマンネリ型国会が当たり前になっていた。国会でも、メディアでも、現実主義の立場に立って安全保障問題が深く議論されることはほとんどなかった。国内冷戦の縛りから解き放たれて初めて、敗戦国という十字架を背負った外交を越えて、新しい積極的な外交をやるのだという意欲が生まれてきていたのである。たった30年前の話である。その頃、昭和天皇が崩御され、新しい平成の御代が始まった。価値観外交の歩みは平成外交の歩みでもある。

2001年、アフガニスタンを拠点にしていた国際テロ組織アルカイダが、ワシントン郊外のペンタゴンとニューヨークの世界貿易センタービルをターゲットに大規模テロを敢行し、数千人の米国人の命を奪った。国連安保理は「平和に対する脅威」を認定し、NATOは条約第5条を発動して共同防衛行動（集団的自衛権行使による武力行使）に移った。アフガニスタン戦争の始まりである。NATO諸国の誰もが、本丸の米国が攻撃されるとは思っていなかった。「生きるも一緒、死ぬも一緒（One for All, All for One）」の誓い通り、ドイツ軍を始めとしたNATO軍が、米軍と共にアフガニスタンになだれ込んだ。

日本民主主義通史が存在しない

日本では小泉純一郎総理が、日米安保条約第5条こそ発動しなかったが、特別措置法を作ってインド洋で活動する有志国連合海軍への給油作戦に貢献するべく海上自衛隊を投入した。その結果、ブッシュ大統領（第43代）と小泉総理の関係は、日米関係に中曽根・レーガン時代を彷彿とさせる黄金時代をもたらした。

当時、筆者は、在米大使館政務公使として、現在ジョージタウン大学教授を務めるビクター・チャ（当時NSC日本朝鮮部長）と小泉総理訪米の際の日米共同宣言をまとめていた。その際、日米両国が普遍的価値観を分かち合うという下りを書く際に、筆者が「日本にも長い民主主義の歴史がある」と書き加えようとしたが、米側が削除してきたので、知己を得ていた日本のリベラル派新聞のシニアな大記者に、日本民主主義通史をまとめた本を送ってほしいと頼んだ。

驚いたことに、しばらくして「そんな本を書いた人はいなかった」という返事が返って来た。明治の立憲政治、帝国議会開設、自由民権運動は何だったのか。大正デモクラシーは何だったのか。日本人自身が忘れてしまっているのだろうか。アメリカ人がよく言う「日本の民主主義は戦後アメリカが作った」という話をまさか本当に信じてしまっているのだろうか。敗戦国日本の背負った十字架の重さを改めて痛感した出来事だった。

アジアを自由主義圏のセンターピースに

第一次安倍政権になって麻生太郎外務大臣（当時）が、「自由と繁栄の弧」という外交構想を発表して高い評価を得た。私は、外務省総合外交政策局総務課長として起草に関わった。日本が、自由と繁栄という国益と価値観を正面から唱えた外交ビジョンを提示したのは、これが初めてである。第二次安倍政権になって安倍晋三総理が「自由で開かれたインド太平洋」構想を発表し、瞬く間に世界各国の賛同を得た。

この構想は、インドを含めた戦略的枠組みで戦略的均衡を考えるという点が国際的に評価された。その理由は、軋み始めた米中関係を背景にソ連と近かったインドが徐々に日米同盟側ににじり寄ってきていたからである。自由で開かれたインド太平洋構想は、この戦略的地殻変動を見事にとらえていた。

しかし、「自由で開かれたインド太平洋」構想には、もう一つの狙いがあった。それは、アジアにおける自由主義圏の創生である。アジアで自由主義を唱えることは、アジアに自由主義圏の創生を唱えることと同じである。なぜなら、アジアの国々は日米欧の先進工業国家群とは歴史的位相を異にするからである。彼らは、20世紀中葉まで人間としての尊厳を否定され、人種的に差別され、主権を奪われて植民地に貶められていた。1935年にフィリピンの独立を認めていた米国を唯一の例外として、太平洋戦争終結後、イギリスも、フランスも、オランダも、アジアの植民地の再征服を試みた。アジアの国々は宗主国軍の再来を跳ね返した。

しかし、彼らはその後、開発独裁体制を選んだ。それは中国の毛沢東のように共産主義によるもの、フィリピンのマルコスのようなポピュリスト政治家によるもの、そして、韓国やミャンマーやインドネシアに見られるように軍人によるものなどと各種あった。戦後のアジアには様々な独裁国家が林立した。ようやく冷戦終結前からアジアの民主化が始まった。民主化の波は、フィリピン（86年）、韓国（87年）、海浜部のASEAN諸国、李登輝の台湾と続いた。彼らは、今、若い民主主義国家として、自らの民主主義に高い誇りを持っている。アジアは、今世紀、人類の人口の6割を占め、世界経済の6割を占める。巨大なアジアを欧米先進国中心の自由主義圏のセンターピースとしてはめ込むことができるかが問われる。それはアジア最古の民主主義国家である日本の責任である。

第2章

中国は19世紀、20世紀をどう歩んできたのか

前章で、日本が歩んだ19世紀中葉から20世紀の歴史を見てきた。19世紀の弱肉強食の世界が廃れ、21世紀に地球規模の自由主義世界が立ち上がっていく中で、日本の栄光と蹉跌の軌跡を振り返った。そして今日、日本が自由主義的国際秩序をどのようにして支えるに至ったのかを見てきた。

同じ頃、中国はどのような道を歩んでいたのだろうか。日本と中国の道はどこで分かれたのだろうか。それは二度と交わることがないのだろうか。

日本と中国の「死の跳躍」

日本も、中国も、19世紀中葉に産業革命によって圧倒的な力を得た欧米諸国の強大な圧力に直面した。アジアの多くの国々が主権を失い、次々と植民地に貶められていった。日本も、中国も、伝統的な農業社会と決別して、近代的な国家を創り出そうと七転八倒した。かつて佐藤誠三郎東大教授は、この急激な近代化への飛躍の苦しみを「死の跳躍」と名付けた。

日本と中国が直面した課題は同じ「死の跳躍」である。

第一に、軍事力の増強である。英仏独露蘭等の欧州列強は、数百年間、日本の室町時代のように戦争が日常茶飯事で、近代に入ってからは工業文明実現に優越感を抱き、肌の色による人種差別を当然視し、特に19世紀以降、アジア人の自由意志も、人権も、人間としての尊厳さえも蹂躙した植民地獲得競争に狂奔した。弱肉強食の時代だった。

インドネシア、マレーシア、フィリピンなどの人口希薄な地域では、すでに16世紀の大航海時代から英国、オランダ、スペインの植民地支配が確立していた。産業革命後、残るアジアの大国は、オスマン帝国、ムガル帝国、大清帝国、徳川幕府の日本だけであった。19世紀中葉に、まずインドが大英帝国の支配下に入った。

当時、日本や中国の物品は、欧州諸国の垂涎《すいぜん》の的だった。中国のお茶や陶磁器や絹織物は欧州人を魅了した。日本や中国への開国要求も激しかった。欧米諸国は、中国の開国の後に上海等に租界を林立させた。日本も中国も、関税自主権を奪われ、領事裁判権を認めさせられ、不平等条約を押し付けられた。なお、米西戦争の後には、植民地から身を起こした米国もフィリピンを領有する植民地国家となった。

日本も、中国も、この欧米列強の圧力を跳ね返す軍事力を身に付けて、まずは欧米列強と対等の地位に上り、強国となって植民地支配を逃れることが最優先の国家目標となった。

第二に、強力な軍事力を持つためには、強大な産業、特に重工業が必要だった。工業のもたらす国力の発展は指数関数的である。19世紀まで日本でも中国でもあまり知られていなかった欧州の端っこにある英国という小さな島国が、産業革命の結果、瞬く間に世界の富の大半を生み、世界最強の海軍を持つ国に変貌した。フランス、ドイツ、オランダ、米国、ロシアがその後を追っていた。アジアの辺境を荒らして回る野蛮な海賊くらいに思っていた欧米諸国が、突然、地球を分割し得るほどの国力を持った。産業革命の故である。日本も、中国も、欧米諸国から最先端の工業技術と学問を輸入し、産業革命と工業化によって産業力を増強し、国富を増大させることが軍備増強と裏腹の国家目標となった。それは、日本では「富国強兵」と呼ばれた。

新しい「国民」を創り出す

第三に、近代化のためには伝統的な農業社会と決別する必要があった。それは緩慢な変化ではなく、断絶に等しい乱暴な過程だった。新しい近代的なアイデンティティを創出し、身分制を打破し、領主の下で食うや食わずだった農民を、国家に忠誠を誓う「国民」に変貌させねばならなかった。そうして解放された「国民」の持つエネルギーを国家が主導して新しい「国民国家」を創出する必要があった。国民教育の徹底、大学教育の開始は、通信事情、交通事情、エネルギー事情の変貌と相俟《あいま》って、新しい「国民」を創り出すことに貢献した。

急激な近代化、工業化を達成するために、人工的に「国民」を創り出すことは容易ではない。これまでの慣習を捨て、民俗を捨て、政治秩序を捨て、場合によっては宗教さえ捨てて、新しい国を作るのである。日本では維新が叫ばれ、中国ではまず変法が、次に革命が叫ばれた。しかし、政治体制を変え、経済社会の構造を変え、鉄道が通り、車が走り、電灯がともろうとも、人のものの考え方は急には変わらない。

そこから二つの流れが出てくる。一つは、独裁権力により、性急に人々を思想改造してしまおうという全体主義的な考え方である。もう一つは、国民の忠誠心を獲得して国家を統合するためには、結局、権力は一人ひとりの自由意志に正統性の根拠を持たねばならないとする個人主義的、自由主義的な考え方である。後発の工業国家は近代化を焦るために前者の独裁に走りやすい。

大清帝国とはどういう国か

アジアを世界史の動乱に巻き込んだ19世紀後半から20世紀の時代を、中国の人々はどのようにして生きてきたのだろうか。中国は、20世紀初頭まで大清帝国の支配下にあった。「中国」というのは20世紀に生まれた言葉である。それまでは殷周秦漢隋唐宋元明清などといった王朝名しかなかった。大清帝国支配下の中国は、それまでの漢人の支配した明王朝とは大きく異なる。

中国史に刻まれる騎馬民族国家

大清帝国を建てた太祖ヌルハチや太宗ホンタイジの満洲族は、草原の民であり、北方騎馬民族である。弥生時代から稲作が中心となった日本人は、自らが遊牧を知らないので、遊牧を長い間生業としてきたユーラシア大陸の草原の民をよく知らない。

一生をウズベキスタンの仏教遺跡発掘に捧げられた加藤九祚《かとうきゅうぞう》先生等、優れた学者は多いが、一般の日本人はチンギス・ハーンや、井上靖の小説『蒼き狼』や映画化もされた『敦煌』くらいの知識しかない。チベット人の巡礼を描いた名画『ラサへの歩き方 祈りの2400㎞』を見ると、今もたくさんの牛や羊を連れて、テントを張り、移動を繰り返す草原の民の生活が生き生きと描かれている。ユーラシア大陸の遊牧民の生活は、狭い国土で農耕と漁労に従事してきた日本人の想像力の外側にある。

中国の歴史は、ユーラシア大陸を東西数千キロにわたって自在に移動した北方の騎馬民族と、黄河、揚子江の治水に優れた才能を発揮した農耕民族である漢民族の攻防の歴史である。秦の始皇帝が万里の長城を築いたのは、黄河が潤す中原に北方騎馬民族の侵入を防ぐためであった。中国の歴史には、匈奴《きょうど》、契丹《きったん》、遼、金、元、清の名前が中国を脅かし、苦しめ、あるいは制覇した騎馬民族国家として刻まれている。

人口は中国のほうが圧倒的に多く、文明水準も中国のほうが高かったが、戦闘集団としては北方騎馬民族のほうが常に優れていた。馬を乗りこなし、馬上から自在に弓を射ることのできる騎馬軍団は、農耕を生業とする中国人に対して無敵であった。実際、産業革命以前のユーラシア大陸で覇を唱えていたのは、騎馬系のモンゴル・チュルク族の帝国ばかりである。トルコ人のオスマン帝国はその典型である。

オスマン帝国下で事実上の自治領となっていたエジプトは、奴隷王朝の国であった。奴隷とは傭兵のことであり、即ち、モンゴル・チュルク系の武人のことである。インドのムガル帝国のムガルとはモンゴルが訛《なま》ったものである。チンギス・ハーンの次男が建てたチャガタイ・ハン国から生まれたチムール大帝（タメルラン）の末裔が勢力を失って、インドに侵入し建てた国がムガル帝国である。大人しいスラブ民族のロシアが騎馬を乗りこなす軍事大国となったのは、サライに居を定めて東欧まで征服したバトゥー（チンギスハーンの孫）の建てたキプチャック・ハン国にリューリック朝が250年の長い間臣従して、モンゴル風に鍛えられたからである。

そして大清帝国は、満洲の女真族の建てた国である。「朝貢しない国とは貿易しない」と宣言して厳しい海禁政策を取った明は、豊かな産品と富を自ら封印して疲弊していった。海禁政策は、密貿易を生業とする倭寇の跳梁跋扈を招いた。倭寇は時に海浜の集落を襲って明を苦しめた。

　そこに追い打ちをかけたのが太閤豊臣秀吉の朝鮮出兵である。朝鮮出兵とはいっても、真の狙いは明であった。典型的な朝貢国であった朝鮮の軍事力は小さい。大規模な軍勢を維持することは宗主国の明が許さないからである。秀吉と戦ったのは明軍である。日本統一を成し遂げた秀吉の軍勢は50万とも言われ、当時、世界最大の軍勢の一つであった。しかし、老いて淀君の色香に溺れた秀吉の作戦は杜撰であった。日本は敗退するが、その後、明は李自成の乱によって自壊する。

　その隙を衝いたのが太祖ヌルハチの満洲族である。明の人口の1パーセントにも満たなかったであろう満洲族が、万里の長城を越えて中国を征服した。そこに他の草原の諸民族が加わった。モンゴル（蒙）、チベット（蔵）、ウイグル（回）である。大清帝国は、漢民族の国ではない。北方諸民族と漢民族が組み合わさってできた満漢蒙回蔵からなる多民族国家であり、漢民族は辮髪《べんぱつ》を強要された被征服民族である。かつてモンゴル族の元の時代、漢民族は、モンゴル人、ペルシャ人より下層の民とされ、漢民族は屈辱を味わっていた。再び北方騎馬民族の中国が出現したのである。清の支配空間は漢民族の明の時代に比して広大である。草原の諸民族が自らの支配領域を清に加えて朝貢したからである。

アヘン戦争と大清帝国の衰亡の始まり

満洲族出身でありながら、康熙帝《こうきてい》、雍正帝《ようせいてい》、乾隆帝という希代の名君を得た大清帝国は、高らかに繁栄を謳歌することとなった。徳川家康、秀忠、家光のようなものである。清は、明の海禁政策を改め、欧州諸国や日本との貿易を認めた。皇帝の前で三跪九叩頭拝（3回跪《ひざまず》き、そのたびごとに3回土下座して頭を床に付ける儀式）を拒み、朝貢国家となることを拒んだ日本やイギリスなどの国々は「互市」と呼ばれる交易を許された。本書冒頭で述べたように、イギリスのマカートニー特使が乾隆帝に謁見したとき、乾隆帝が「英国から買うものなどない。好きなものを買って帰るがよい」と言い放った逸話は有名である。中国の決済は銀だったので、世界中の銀が中国に流入した。当時の国際通貨は、ボリビアのポトシ銀山で原住民のインディオを虐待、酷使して掘り出したスペイン銀と、日本の石見《いわみ》銀山の銀であった。大清帝国の初めの100年間、清は世界中の国が羨《うらや》む繁栄を謳歌していたのである。

しかし、豪奢な宮廷生活に慣れた大清帝国は、北方騎馬民族が誇りとしていた質実剛健の気風を時とともに失っていく。武門の誉れ高かった徳川幕府の武士たちが、300年の泰平の世を過ごすうちにサラリーマン化したのと同じ現象である。19世紀、大清帝国が直面した欧州列強は、貧相で海賊まがいの商売に勤しむ小国ではなく、産業革命で巨富を蓄え、最新の武器で身を固めた工業先進国であった。

欧米列強の中国領土蚕食は、アヘン戦争から始まる。中国から大量のお茶を購入し始めた英国は代金の支払いに窮していた。英国では、朝食にカフェインの多い紅茶に砂糖を入れて飲むことが、労働者階級も含めて大流行していた。お茶は大英帝国国民の必需品になっていた。そこで英国が目を付けたのがアヘンである。英国は中国でアヘンを売りさばいて茶の代金に充てた。日本ではアヘンは浸透しなかったが、中国では急速にアヘンが流行した。心を痛めた清朝政府は、賢臣林則徐《りんそくじょ》を派遣してアヘンを没収、滅却させた。怒った英国政府は、清との武力対決を決意する。

1840年から42年にわたったアヘン戦争は、強力な麻薬密売マフィアのような英国と弱体な警察のような清が戦った戦争であった。当時、野にあり後に英国首相となるグラッドストーンは英国議会で「大英帝国末代までの恥だ」と罵って戦争に反対したが、アヘン戦争の開戦は僅差で議会承認された。英国は古色蒼然とした清軍を退け、香港を割《さ》き取って中国大陸進出の足掛かりを得る。

その結果、清と英国の関係は緊張し、中国人の間に排外的な雰囲気が高まった。日本と同じ攘夷である。キナ臭い雰囲気の中で起きたのがアロー号事件（第二次アヘン戦争）である。広州で起きた些細な事件（アロー号という小舟が国籍を偽って掲げた英国国旗を清国官憲が引きずり下ろした事件）に難癖をつけて、英国とフランスが語らって渤海湾に侵入し、天津から一気に帝都北京を蹂躙した。名園だった円明園は凌辱された。和平交渉には米国もロシアも加わった。

清を反面教師として日本は急速に近代化へ

1860年、アロー号事件収拾のために北京条約が結ばれる。英国は香港に加えて九龍半島も手中にした。ロシアは、第二次アヘン戦争の最中の1858年、ネルチンスク条約で定めた露清国境を大きく変更する愛琿《アイグン》条約を清に押し付け、黒龍江（アムール川）以北の広大なシベリアの土地を割き取っていた。そして、北京条約の調停役を買って出て、その駄賃として清から沿海州を割き取り、ウラジオストック（「東方の征服」という意味である）を建設する。ロシアは商業的利益に国益の重点があった英国と異なり、ユーラシア騎馬民族の伝統を受け継ぎ、領土拡大そのものに関心があった。

清は、交易を望む欧州列強によって上海などの開港を迫られた。漁業を生業とする寒村だった上海は、みるみる欧米列強の租界地として発展していく。租界とは都市部に虫食ったプチ植民地のことである。大清帝国敗退の知らせは日本のサムライたちを驚かせた。恩師吉田松陰の死後3年経った1862年、幕府の視察団と共に上海に渡った高杉晋作は、欧米列強に支配された屈辱的な上海の状況を見て愕然とする。翌1863年及び1864年には、長州藩が下関で英米仏蘭の連合艦隊と戦火を交え、その軍事力に驚いた長州藩は、攘夷から開国へと舵を切り、古色蒼然の幕府打倒を決意することになった。アヘン戦争後の日本は、清を反面教師として急速に近代化に舵を切っていく。

しかし、清は日本のように急旋回することはなかった。大清帝国は、日本が明治維新を経て急速に近代化していくのを横目に見ながら、戦場で無数の矢に射抜かれた巨象のようにゆっくりと倒れていった。最後の皇帝となった愛新覚羅溥儀が5歳となった1912年、大清帝国は、その命脈を閉じた。その年、日本では、明治天皇が崩御された。大清帝国の滅亡は、奇しくも日本の近代を開いた明治の御代が終わった年であった。

内憂外患の清

アヘン戦争から大清帝国滅亡まで、清の歩んだ道は屈辱と苦難の連続だった。現在、中国共産党がしきりに喧伝する屈辱の近代100年の前半は大清帝国の衰亡史である。

第一次アヘン戦争が終わった後、中国を苦しめたのは太平天国の乱であった。ヤハウェとキリストから天啓を受けたと信じた洪秀全は、太平天国を国号とし、自らを天王と名乗って武力革命を起こした。すでに18世紀末には宗教団体である白蓮教徒の乱が起きて清朝を苦しめていたが、南部の広西省で始まった太平天国の乱は、その規模において白蓮教徒の乱を凌駕した。

太平天国の乱は、1851年から1864年まで続いた。支配層である満洲族の風俗である辮髪を拒否して長髪を伸ばし（長髪族と呼ばれた）、宗教集団らしく原始共産主義のような共同生活を実現した。八旗《はっき》・緑営《りょくえい》と呼ばれた清国の正規軍は、長い泰平の後、すでに弱体であった。太平天国の乱の鎮圧には、「団練」と呼ばれる地方の自衛武装勢力が利用された。彼らを活用するべく清朝から重臣が送り込まれた。湘軍を立ち上げ見事に率いた曽国藩である。

その曽国藩に見出され、淮軍を率いて太平天国の乱を収め、経済的に勃興する上海を押さえて力を蓄えたのが李鴻章である。

清国の柱となった李鴻章は1823年生まれで、幕末の英傑、西郷隆盛より5歳年上である。李鴻章は、紫禁城の簾の奥で陰湿なコップの中の権力闘争に汲々としていた俗吏や宦官とは大きく異なる。中国政治は日本の鎌倉時代以降の幕府よりも平安時代以前の宮中に似ている。科挙に受かって位階を笠に着た典雅な貴族や官僚が、皇帝の独裁的権威を笠に着て威張り散らす宮廷政治の文化である。貴族は武人を軽侮する。典雅な清朝の貴族は、元寇のときの日本貴族と同様、往々にして政治や軍事に無能で、有事には役に立たなかった。

李鴻章は太平天国の乱という未曾有の内憂を終わらせた後、清国が関わったほとんどの外患に対処した乱世の逸材である。逸材は乱世にしか光らない。清国は、外国との折衝が増えたのち、総理衙門という外務省のような体裁の組織を作ったが、実権はなく実際の交渉や戦争は直隷総督と北洋大臣を兼ねた李鴻章に任されることが多かった。清の政治体制では、総督あるいは巡撫《じゅんぶ》と呼ばれた地方長官の権限は非常に大きかった。北洋大臣とは中国北東沿岸部における渉外案件を担当するポストである。当時の中国人の政治感覚では、外夷との折衝は権威の高い紫禁城の高官の仕事ではなく、むしろ出先の地方官の仕事だったのである。

李鴻章の外交デビューは、日本と結んだ1871年の日清修好条規である。日本にとっても明治維新からわずか3年後の外交デビューの時代である。日清両国は深刻な原理問題を抱えていた。朝鮮半島の地位である。日本はアジアを呑み込みつつあったウェストファリア型の近代国際関係の枠組みに朝鮮半島を押し込むのであれば、朝鮮を中国領とすることはできず、独立国家と見なすべきだとの考えであった。そもそも元寇以降、中国の朝貢体制の外側に留まっていた日本には、朝貢国家などというふにゃふにゃした中国の仕組みはよく理解できなかった。中国周辺の大国で全く朝貢しなかったのは日本だけである。日本は東アジアではかなり特異な存在だと言ってよい。

また、北方では日本へもロシアの暗い影が差していた。1855年に日露混住の地とされた樺太はロシアに奪われ、1875年に千島列島と交換させられたばかりであった。そのロシアは、先に述べた通り、清から広大な極東シベリアの領土を割き取り、1860年以降、清露共存の地とされていた沿海州を割き取り、朝鮮半島の東側の付け根にあるウラジオストックにまで勢力を張っていた。翌1861年にはロシア軍艦のポサドニック号がウラジオストックから太平洋に抜ける対馬海峡で、対馬の芋崎を占拠する事件まで起こしている。幸い英国海軍の介入で事なきを得た。朝鮮半島のすぐ傍に、いやでもロシアの影がちらつき始める。

「邦土」を巡る同床異夢

中国にとっても朝鮮半島は戦略的要衝であった。7世紀の新羅による朝鮮統一以来、朝鮮は常に中国の忠実な僕でなくてはならなかった。そもそも朝鮮文明は漢の楽浪郡、帯方郡が中国から朝鮮半島にもたらしたのだという自負もある。有史以来、漢民族を苦しめた北方騎馬民族と異なり、20世紀の侵略者は海から来た。先に述べた通り、アロー号事件の際、英仏艦隊は渤海湾奥深くに侵入して天津に上陸して北京を凌辱した。天津から北京までわずか100キロ余りの距離である。東京から熱海までの距離と変わらない。中国は日本人が思うより狭い。渤海湾を扼《やく》する山東半島、遼東半島、さらに朝鮮半島は中国にとって心臓を守る肋骨のようなものである。欧州列強の外患に苦しむ清にとって、朝鮮半島が中国の属領であるという主張は譲るわけにはいかなかった。

日清修好条規では、第1条で相互の「邦土」の不可侵を定めたが、清は邦土に朝貢国である朝鮮が入ると解釈し、日本は最初から一貫して朝貢国は含まれないと解釈していた。典型的な玉虫色の同床異夢であった。外交交渉では争いを暫時顕在化させないために、偶《たま》にこういうことをする。それによって時間が問題を解決することもあれば、時間を経るにつれて対立が深刻化することもある。朝鮮半島を巡る日清の争いは後者であった。

李鴻章は、元寇を実力で押し返し、その後、一貫して中国の朝貢体制の外側に留まり、むしろ倭寇となって明を痛めつけ、太閤秀吉の下で朝鮮半島を侵略した日本を将来の脅威と認識していた。日本は、明治に入って富国強兵を掲げて急速に発展を遂げており、欧州列強と同様に中国に仇を為す脅威になり得ると正確に認識していたのである。

李鴻章の懸念は次々と現実になる。1871年、宮古島の島民54名が台湾に漂着した折、台湾人に殺害される事件が起き、1874年、西郷従道陸軍中将が台湾の「生蕃」攻略に出兵した。清は、台湾は清国領であるとして日本の出兵に反発した。大久保利通参議が北京に赴いて2カ月余りの交渉の末、結局、英国の調停もあり、近代的軍備の整わない清が日本に50万両を支払うことで合意した。

その結果、清は、図らずも国際法上、琉球が日本の一部であることを認めることになったのである。琉球は薩摩藩に服属しながら、清に朝貢していた。清への貿易中継拠点として琉球は栄えていたのである。1871年、すでに本土で廃藩置県を実現していた日本は、72年、薩摩藩に服属していた琉球王国を琉球藩として、中央政府の管轄下に置いた。そして75年には琉球藩に清国への朝貢および清国皇帝からの冊封の禁止を要求。さらに79年には琉球藩の廃止と沖縄県の設置を断行し、かつての琉球王国は一つの県として、日本に統合されることとなった(琉球処分)。それは琉球を朝貢国と考えていた清の対日脅威感を改めて高めることになった。

グレートゲームを引き起こしたロシア

この間、直隷総督・北洋大臣の李鴻章は、必死になって欧州の先進的な軍事技術や産業技術を取り入れようとしていた。洋務運動である。洋務運動とは、日本で言えば和魂洋才の先進技術導入である。李鴻章は、勝海舟のように西洋の脅威は海から来ると認識し、海防に力を注いだ。長崎を訪れたドイツ製の軍艦鎮遠、定遠の威容は日本を恐怖させた。また、長崎での清国水兵の狼藉は日本人を激高させた。

しかし、清の脅威は新興の日本だけではなかった。清は、簡単に隣国の日本にかかり切るわけにはいかなかった。欧州から遥かに強大な敵が迫っていた。一つめの対外的脅威は帝政ロシアである。ロシアは、世界の海を支配した英国海軍の手が出せないユーラシア大陸の内陸から騎馬兵を使って何の制約も受けずに膨張していた。ロシアは、ムガル帝国のインド侵略に倣いパミール高原の西側からインドを圧しようとしていた。東方では万里の長城から北に広がる満洲はロシアにとって裸に見えた。ロシアにとって中印の繁栄するユーラシア大陸海浜部への進出は長年の夢であった。これが英露のグレートゲームを引き起こす。

ベトナムでの清仏交渉の破綻は必然だった

1870年代には、天山山脈の北側にある中央アジア（西トルキスタン）のチュルク族（現在のカザフスタン、ウズベキスタン、キルギス、トルクメニスタン。なお、タジキスタンだけはペルシャ系）は次々と帝政ロシアに屈服していった。天山山脈の南側の新疆《しんきょう》ウイグル地区（東トルキスタン）は、同じムスリム系チュルク族であるウイグル人の住む地域である。帝政ロシアがイリ地方まで平定すると、新疆に勢力を張ったヤークーブ・ベクが清から新疆を分離させようとした。この脅威に対抗するために内陸担当の左宗棠《さそうとう》・陝甘総督《せんかんそうとく》が陸軍軍備増強を訴えて軍備用の財政資源を奪っていった。日本の帝国陸海軍の「北進論・南進論」対立のような「海防・塞防」論争である。

不幸なことに、当時は幼い光緒帝の伯母である西太后が垂簾聴政《すいれんちょうせい》を敷いて宮中を牛耳っていた。出自の曖昧な西太后にはビジョンもなければ近代化への焦りもなかった。将軍の生母や乳母が大奥から江戸城の幕政を取りしきったようなものである。西太后は海軍予算を奇岩を集めた豪奢な頤和園《いわえん》建設へと流用した。李鴻章の夢見た北洋艦隊の増強と、それを支える軍需産業の創出は思うに任せなかった。

もう一つの対外的脅威はフランスである。フランスは、1860年代にすでにベトナムの朝貢国だったカンボジアを保護領とし、南ベトナムに進出していた。清国は続いて清の朝貢国であったベトナムの阮朝《げんちょう》を併合しようとするフランスの野望に直面した。清仏間で協議が行われ、有能な李鴻章も何度か交渉の矢面に立たされた。日清修好条規のときと同じように、清はベトナムを属領のままと考え、フランスはベトナムをフランスの保護領にしようと考えていた。朝鮮を巡る日清間の対立の場合と同様に、ベトナムの地位を巡り同床異夢の協定が何度か結ばれるが、破綻は必然であった。ベトナムを巡る清の属邦という曖昧な地位は、近代国際法には馴染まない。それは続く朝鮮を巡る日清の対立の前哨戦であった。

１８８４年、フランスが北部ベトナムに侵攻すると、清は軍勢を送って阮朝を支援した。フランスはベトナム全体を保護領とするつもりだった。ベトナムの外交と軍事の権限を掌握して植民地にするつもりだったのである。清朝は、土着の黒旗軍を利用してフランス軍を苦しめたが、結局、清が敗北した。翌85年、フランスは阮朝を征服してフランス領とし、対岸の中国の広州や南シナ海に勢力を伸ばし始める。

日清戦争とその後の中国分割

清仏戦争から10年後、日清戦争が勃発する。朝鮮の地位を巡る対立は、日清の対立を抜き差しならないものにしていた。中国は朝鮮の属国化を強力に推し進めようとし、逆に日本は朝鮮の自主独立を推し進めようとしたからである。

朝鮮で排外運動というべき東学党の乱が起きると、清国は素早く出兵した。しかし、清が驚いたことに、そのたった4日後に日本軍は清軍に対抗して仁川に神速上陸し、ソウルに入城して清軍と対峙した。すでに高齢の李鴻章は戦争を避けたかったが、外相陸奥宗光は、日増しに強くなる清朝の朝鮮属国化を看過できないと考え、敢えて強硬な態度を取り続けた。

王朝型の外交を好む中国

日清戦争が勃発する。戦争は、近代的軍備の増強に熱心だった日本側の圧勝に終わる。清末を代表する重臣李鴻章は、明治維新を代表する若き初代総理伊藤博文と下関で和議を結んだ。日清戦争後、朝鮮は晴れて独立した。ソウルにあった清朝使節団を迎えるための屈辱的な迎恩門は引き倒され、パリの凱旋門に似た独立門が打ち建てられた。台湾は日本領となり、遼東半島には関東軍が駐留した。

もとより狡智に長《た》ける李鴻章は、ただ降参しただけではない。懸命に日本の裏をかくべく外交工作を行っていた。日本人は、ロシアのような北方騎馬系の武門の外交をするので、武断の解決を好む硬直した外交が多いが、逆に中国はタイやイランのような王朝型の外交を好む。敵の敵は味方という黄金律に従って、権謀術数を凝らし、引いては押すの融通無碍な外交を得意とする。「百戦百勝は善の善なる者にあらざるなり」（孫子）である。外交で戦わずに勝つという無手勝流こそ中国外交の真骨頂である。李鴻章は、日本と交渉しながら、裏ではロシアや欧州諸国に対日牽制のための助力を働きかけ、事前に三国干渉の感触をつかんでいた。

しかし清朝の軍事力を考えれば、李鴻章の対日外交は、結局、鶏が虎を退治するために狼を鶏小屋に入れるような外交だった。ロシアは表向き中国を助けるような顔をして独仏と語らって日本に三国干渉を行った。干渉とは恫喝のことである。

下関条約調印の日、下関にはすでに露仏独の軍艦が集結していた。日清の和平が成って一週間もたたないうちに、露仏独は、日本に遼東半島の返還を迫った。日本世論は激高したが陸奥外相が臥薪嘗胆を唱えて屈辱を忍んだ。ロシアは直ちに遼東半島を自らの勢力下に置き、大連を押さえ、旅順を軍港化し、東清鉄道（南満洲鉄道）を敷設して満洲をも視野に入れ始めた。

これに対抗して、山東半島の先端にはイギリスが威海衛《いかいえい》を租借した。植民地競争の後発組だったドイツは、山東半島の付け根にある青島に拠点を設けて膠州湾《こうしゅうわん》を制圧し、自らの山東半島への勢力扶植に奔走した。渤海湾《ぼっかいわん》の入り口を列強に囲まれた北京は丸裸も同然であった。この頃の中国を日本に置き換えれば、房総半島をロシアに獲られ、三浦半島を英国に獲られ、伊豆半島をドイツに獲られ、上海に匹敵する横浜に租界が林立しているようなものである。日清戦争以降、中国は、国際政治の主体というよりは、客体として分割の対象に転落していった。

欧米日の対応は北京制圧

1900年、北京で義和団の乱が起こる。北清事変である。幕末の日本で攘夷が吹き荒れたように、度重なる屈辱を経て、清の国内でも排外的な感情がとてもきつくなってきていた。清朝は愚かにも勝ち目のない義和団を支援した。義和団は北京にある諸外国の公館を襲った。これに対する欧米日の対応は、軍事力による北京制圧であった。清朝は再び屈服させられた。それも帝都においてである。

その後、ロシアは大きな軍勢を満洲に留めたままとなった。朝鮮を独立させ影響下に置いた日本は総毛立った。それが1904年の日露戦争への道を開くことになる。日露戦争は、日英同盟で大英帝国を後盾とし、かつ、時宜を得た米国の介入によって日本が辛勝する。バルチック艦隊を撃滅した対馬沖海戦、激甚な被害を出した203高地の奪取など、戦史に残る戦いが行われた。勝利した日本は韓国に韓国統監府を置くようになり（1905年）、やがて日韓併合が実現する（1910年）。

また、遼東半島にはロシア軍の代わりに関東軍が駐留するようになった。さらに、日本は満洲において鉄道権益を得た。後の満鉄である。日露関係はその後安定した。日本は米国とも東アジアの勢力圏分割に合意する。桂・タフト協定である。米国は朝鮮半島を日本の勢力圏と認め、日本はフィリピンを米国の勢力圏と認めた。英国とは同盟関係を続け、日本外交は小康を得る。

仲違いしなかった薩長土肥

清は、結局、近代化、工業国家化に失敗し、軍事強国化に失敗し、国民国家化に失敗したまま滅んだ。清が衰亡したとき、日本は明治の御代であった。その三十数年間、日本は急速に近代化し、富国強兵を実現した。さらに自由主義的な雰囲気のベル・エポックの欧州に倣い、明治憲法を制定し、帝国議会を開設し、衆議院選挙を実施した。

薩長土肥という地方勢力からなる新政府は、賢明にも分裂や仲違いをしなかった。近代的な天皇制の下で、四民平等と廃藩置県を実現し、日本全土にわたる国民統合に成功した。天皇家に1000年以上住み慣れた京都御所から江戸城跡の新宮殿へとお出ましいただいた。天皇家の人々は、京都御所の典雅な生活を捨て、仏教を捨て、髭を蓄え、柔らかい絹の和装を捨てて洋装の軍服に着替え、武士のように馬上に跨った。

四民平等、廃藩置県は、日本人を藩主に仕える領民から、天皇に忠誠を誓う近代的な日本国民へと変貌させた。日本は急速に近代的国民国家、工業国家、軍事大国へと変貌していった。洋務運動を指揮して清朝の近代化に焦燥しながら、清朝がゆっくりと朽ち果てていく姿を見ねばならなかった老臣の李鴻章は、心の底から日本を羨んでいたはずである。

清は、最後まで牢固とした儒教政治に基づく皇帝独裁体制を守ろうとした。儒教政治に縛られた牢固とした官僚制は西洋思想に激しく反発した。日本では、武威の徳川幕府は、もともと支配の正統性の根拠が薄かった。なぜ関ヶ原で勝ったというだけで、なぜ征夷大将軍という肩書だけで、日本を支配できるのかと正面から問われれば、徳川幕府は回答に窮したはずである。

1000年以上連綿と続いてきた朝廷の律令制度の下で、サムライの集まりである幕府は、所詮、武威の政府であり、支配の正統性があるわけではなかった。軍事的優位を失えば徳川家は大政奉還するしかなかった。勝海舟のような偉人も出て、幕府から新政府への交代は速やかだった。

ウェストファリア型の近代国際法を理解せず

しかし、清朝はなかなか倒れなかった。清朝は中国の歴代諸王朝と同様、皇帝独裁と科挙に受かった士大夫の国であった。

清朝は、歴代諸王朝と同様に、儒教に基づく神権官僚支配の国であり、西洋思想を受け入れて「天命を受けた皇帝が地上を支配する」という支配の正統性原理を自ら否定することができなかった。牢固とした官僚制度は、儒教を独占し、文字を独占し、富を独占し、権力を独占した。儒教政治のために清は変わることができなかった。それは自らの権力の正統性を否定することだったからである。

また、清は最後まで朝貢に基づく中華秩序の維持に固執した。天命を受けて仁政を実現している中国皇帝は、天下、即ち、この地上で最高の存在であり、その徳を慕って世界中の国が弟分、子分として朝貢してくるというフィクションを捨てることができなかった。主権平等を唱えるウェストファリア型の近代国際法の仕組みを理解しようとせず、朝貢国家を含んだ大清帝国の版図維持にこだわった。清朝末期の欧州や日本による中国領土や中国朝貢国の蚕食は、清にとって生きたまま解剖されるような痛みだったはずである。

この点を理解することは重要である。なぜなら、今日、ナショナリズムの燃え上がる中国人が求めようとしているのは、この大清帝国が打ち立てていた中華秩序、即ち、清国版図、朝貢体制の復活だからである。

辛亥革命後の中国と全体主義の浸透

1911年、武昌で辛亥革命が勃発し、1912年、清朝が滅亡する。しかし、その後、1949年の中華人民共和国の建設まで、中国は内乱と日本との戦争という二重の苦しみを味わい続けることになる。

清朝の滅亡は、近代的な中国建設への道を開いた。すでに、小手先の洋務運動ではなく、政体自体の大変革なくして、即ち、農業文明の生んだ皇帝独裁体制と決別し、工業化を目指す近代的な西洋風の政体に変貌することなくして、中国の未来はないという危機意識は広く浸透していた。康有為や梁啓超の進めた変法運動である。そのためには近代的なアイデンティティの下で民族意識を高揚させ、近代的「国民」を創出することが必要であった。20世紀に入り、抜け殻となった清から近代国家建設を目指そうとした人々は、自分たちの国を「中国」と呼び始めた。中国とは20世紀に生まれた新しい言葉である。

「中国」という想像の共同体

中国の思想界は活性化した。三民主義を唱えた孫文、民主主義を根付かせようとした宋教仁、初期の中国共産党を指導した陳独秀等の優れた思想家が輩出した。東北大学に学んだ魯迅は古い文学を否定して新しい中国文学を唱えた。

清朝の古い政治体制を捨て、儒教と科挙を基本とした皇帝独裁と士大夫による神権官僚政治を捨て、近代的な軍事強国を作り、産業国家を立ち上げ、満漢蒙回蔵諸民族からなる「中国」という想像の共同体を育て上げ、民族意識を高揚させて近代的「中国国民」を創出するというのが、辛亥革命後の中国人の夢であった。それは半世紀前の日本が明治維新で取り組んだのと同じ課題であった。実際、多くの中国人が日本に留学し、日本に範を取った近代国家建設を夢見ている。

しかし、個人主義に立脚した自由主義的、民主主義的な考え方が根付くには、当時の中国の状況はあまりに厳しすぎた。軍閥割拠と内乱である。清朝が倒れた後の中国は四分五裂した。北方には軍閥が割拠していた。孫文は南の広州から革命の狼煙を上げるつもりであったが、革命は武昌で発生した。孫文の名声は高かったが、広州から武昌を纏めて北京へと攻め上るには軍事力が足りなかった。国民党は支持者を増やしていったが、革命を実現するには強権が必要であった。孫文は、国民党を独裁的に支配した。内乱を制するにはそれしかなかったであろう。

やがて「革命未だ成らず」と言い残して病に倒れた孫文の後に頭角を現して日本を苦しめたのは、日本の東京振武学校（陸軍士官学校の前に入る学校）に学び、日本陸軍の野砲部隊に所属し、中国に帰国してからはソ連の支援を受けて設立された黄埔軍官学校の校長に就任した若き軍人、蔣介石であった。

「国民」の登場

この頃、国際政治における全体主義思潮が大きな影響を持ち始めていたことに留意を要する。20世紀前半、欧州を中心とする世界の政治思潮は、19世紀の自由主義的思潮から大きく暗転していた。中国と異なり、日本は19世紀中葉に世界に扉を開いた。当時、啓蒙思想（Enlightenment）に立脚した18世紀末のアメリカ独立革命やフランス革命の理想が、欧州政治に新しい息吹を与えていた。王政、貴族政治、家産国家、農本国家が古臭いと思われ、平民に参政権を与え、議会を開くことが当然と考えられるようになってきていた。社会の身分制度が壊れ、民族意識が高揚し、国家に忠誠を誓い、国家にものをいう「国民」が登場しつつあった。

日本の江戸時代くらいから欧州で流行を始めた啓蒙思想は、人間の創り出す法や秩序の本質を鋭く洞察していた。ロックやホッブズやルソーやモンテスキューのような多くの優れた思想家が輩出した。

啓蒙思想の本質は、「人は皆幸せになるために生まれてくる。一人ひとりが良心に照らして正しいと思うことを実現したいと思う。正しいこととは人の役に立つことである。自己実現である。それが本当の自由であり幸福の追求である。一人ひとりの尊厳は平等であるから、議論をして合意によってルールを作る。合意に従って権力を立てる。権力は人々が生きのび、よりよく生きるための道具に過ぎない。その正統性の根拠は人々の自由意志にある」という点に尽きる。そのための制度的保障として、良心の自由、言論の自由などを記した権利章典と、権力を掣肘《せいちゅう》する議会政治、複数政党制、司法の独立を定めた自由主義的な統治機構が必要と考えられた。近代的な立憲主義の始まりである。

フランス革命は、啓蒙思想が欧州専制君主のただの教養ではなく、机上のユートピアでもなく、現実の政体となり得ることを証明した。しかも流血の革命によって。その衝撃は大きかった。質実剛健なブルジョワ階層（新興階層という意味である）が、産業革命で始まった工業化と科学技術の発展を推し進めた19世紀後半の欧州では、華麗ながらも腐敗した貴族たちの王政が統治の正統性を疑問視され、議会政治が根付き始めていた。新しい自由主義、民主主義の時代の到来である。

第一次世界大戦による価値観の真空を埋めた

明治の日本は、欧米に自由主義思想が横溢し始めたときに、国の扉を西洋に開いたのである。だから直ちに立憲君主制を採用し（1889年）、帝国議会を開き、総選挙を断行したのである（1890年）。明治の日本人は、それが文明だと思った。それは「日本国民」

を創り出し、日本を近代的工業国家に変貌させる王道でもあった。世界が全体主義へと暗転する前に、横溢する自由主義を輸入できた日本は幸運であった。

残念ながら、辛亥革命後の中国が、新しい国を建設し始めたとき、世界の政治思潮は全く違った様相を見せていた。

まず、第一次世界大戦による価値観の喪失である。第一次世界大戦は、民族意識の高まった国民国家同士の総力戦であった。また、戦場には、産業機械の登場によって恐ろしく殺傷能力の上がった兵器がどんどん投入された。戦車や飛行機や毒ガスが登場し、夥しい数の人が死んだ。敗戦の結果、ドイツのホーエンツォレルン家、オーストリアのハプスブルク家、トルコのオスマン帝国が崩落した。また、ロシア革命によってロマノフ家は滅び、王家の多くが虐殺された。第一次世界大戦の大量殺戮は、欧州秩序自体だけではなく、人間社会の秩序に対する信頼そのものを、さらには人間の理性に対する信頼さえをも打ち砕いた。「ベル・エポック（美しい時代）」の終焉である。

この価値観の真空を埋めたのが全体主義である。その嚆矢がソ連共産主義である。産業革命の進展は、頽廃した貴族政治を侮蔑した、勤勉で質実剛健な起業家や資産階級を生んだだけではない。同時に都市部の最下層に滞留する悲惨な労働者階級を生んだ。構造化された社会格差、あまりに酷い富の偏在は、人間の共同体への信頼を壊死させ、共同体は分裂ないし破壊へと向かう。それは人間の動物としての本能のなせる業である。

新しい思想の理論的支柱はマルクスであった。マルクスは先行する英国とフランスを見ていた。物づくりに価値を置き、マイスター制度の発達したドイツに生まれたマルクスは、高いリスクを取って膨張する英国の獰猛《どうもう》な金融資本を苦々しく見ていたであろう。そしてフランス革命以来、動乱を繰り返すフランスを見て、暴力による社会秩序の入れ替えが実現可能だと思いついたのである。マルクスは、社会格差の原因は、自己増殖を続ける資本にあるとして、労働だけが価値を生むのであるから、企業や銀行は本来不要であり、労働者が生産手段を管理し、生産の果実は労働者が平等に分配すればよい、政府は労働者による独裁政党が運営すればよい、経済は全て計画的に運営されればよい、それを一気に実現するにはフランス革命のような暴力革命が必要であると吹聴した。マルクス主義は、価値の真空となった欧州に野火のように広がり、一世を風靡した。

最初から全体主義国家だったソヴィエト連邦

第一次世界大戦の最中にロシア革命が勃発し、モスクワにソ連共産党政権が立ち上がった。ロシア革命は、強烈なメッセージを世界中に送った。フランス革命後の共和政実現と同様、ソ連における共産社会の実現は、共産主義が机上のユートピアではないと実証して見せたからである。実は、共産主義は、マルクスが述べたように爛熟した資本主義社会が革命を経て到達する理想郷を導く思想とはならなかった。自由主義、民主主義の根付いた国では、労働組合が合法化され、労働者の権利が確立する一方、議会によるバラマキ政治を通じて富の再分配が行われ、資本主義社会は徐々に福祉の充実した社会に変貌していった。

共産主義は、これから工業化に入ろうとする国々が、社会の青写真を描くイデオロギーとして機能し始めた頭でっかちのユートピアだった。ロシアがその最初である。モンゴルのくびきを脱してピーター大帝からようやく欧州の一員として舞い戻った帝政ロシアは、西欧の自由主義的な息吹を肺の奥まで吸い込んでいたとはとても言えなかった。帝政ロシアの国会開設は、１９０６年のニコライ2世によるドゥーマ開催まで待たねばならない。帝政ロシア憲法の制定も同じ年である。日本より十数年遅い。ロシアは、自由主義社会、民主主義社会を知る前に共産化した。というよりも、自由主義社会、民主主義社会を知らないから共産化できたのである。帝政ロシアの後を襲ったソヴィエト連邦は、最初から全体主義国家であった。

革新を叫ぶ勢力が右翼、左翼の双方に

共産党は、暴力を是認し、革命を目指す組織であるから、その運営は軍隊のように独裁的にならざるを得ない。もともと民主化の遅れた社会の場合には、権力の独裁化は驚くような話ではない。しかし共産党独裁は、治められるものに革命精神への無限の忠誠を要求する。革命の大義のためには犠牲が要るからである。人々は革命への忠誠と自己犠牲を強要される。革命の大義の前に、人の命は羽毛のように軽い。

革命は、過去の政治体制からの断絶と決別を強要するから、人々の思想を近代的に改造せねばならない。良心、思想、言論の自由は封殺され、宗教さえも奪われる。良心は心の奥底に沈殿して魂の閉じこもる薄闇をほんのりと照らし出すだけの存在に成り下がる。教条的な思想教育と思想改造が徹底される。場合によっては古代国家のような醜悪な個人崇拝が始まる。ボルシェビキ、レニニズムは、マルクスが描いたユートピアではなく、ディストピアを生んだ。

なお、社会格差から生まれる破壊の衝動を独裁政治に利用しようとしたのは、共産主義者だけではない。他にもいろいろな種類の全体主義、独裁政治の動きが出た。ロシア革命の後に登場したドイツのナチス、イタリアのファシスト党も同じである。昭和の日本では

革新を叫ぶ勢力が右翼、左翼の双方に現れた。昭和前期、若手の優秀な官僚の多くは革新官僚であった。そして残念なことにエリート青年将校たちが昭和維新を求めて政治化した。海軍将校が主力のテロ事件である5・15事件、陸軍将校が主力の革命未遂である2・26事件がその典型である。

第一回中国共産党大会を開催

20世紀前半、外国勢力の租界がいまだ林立する中で、内乱に苦しみながら銃を取って新しい国づくりをしようとした中国の知識人たちが、廃れつつある資本主義や自由主義に背を向けて、全く新しい開発独裁国家を作ろうとしたのは無理からぬことであった。日本のような自由主義的、民主主義的社会を通らずに、ロシアのような共産主義国家、あるいは、ナチスドイツのような国家社会主義国家をモデルとして、独裁型の近代国家建設に向かったのである。

陳独秀の指導で産声を上げたばかりの中国共産党は、1921年7月、上海のフランス租界において、第一回中国共産党大会を開催する。わずか13人の中国人とコミンテルンから派遣されたマーリンとニコリスキーという2人の外国人が集まっただけだった。歴史を動かす中国共産党の旗揚げにしては、高杉晋作の騎兵隊の旗揚げのような目立たない小さな会合であった。集った中国人の中には毛沢東の名前も見える。コミンテルンの人間がいるのは、当時、世界初の共産革命に成功したソ連共産党の権威が非常に高く、世界各地の共産党は、コミンテルンの指導を仰ぐものと考えられていたからである。

中華人民共和国建国と毛沢東の独裁

国民党を牛耳る蔣介石は、北伐を実施して清朝滅亡後、北方に割拠していた軍閥を下し、中国統一を推し進めた。しかし1930年代になると日本の関東軍が謀略によって満洲を割き取っていく。当初、共産党は国民党に紛れ込んでいたが、やがて袂《たもと》を分かって国民党と対決するようになる。

当時、世界で唯一の共産主義国家として孤立していたソ連は、スターリンの指導の下、冷徹な権力政治の観点から国民党を支援していた。ソ連は、世界革命を棚上げして、ソ連共産党の生き残りをかけた一国社会主義を取り、弱肉強食の権力政治に勤しみ始めていたのである。スターリンは、小勢力の毛沢東よりも実力のある蔣介石のほうが、中国大陸に野心を示し始めた日本を牽制するために利用できると考えたのである。

1937年に日中戦争が火を噴くと、蔣介石に追われ延安に長征し、疲弊しきった毛沢東は党内権力の確立（整風運動）と共産党軍の戦力の温存に努めた。日本軍と正面から向き合ったのは蔣介石であった。日本軍の近代装備は圧倒的で、日本兵の3倍の数の中国兵をもってして、やっと互角に戦えると言われていた。知将の蔣介石は、自らの軍の劣勢を知り、国際世論を動かし、英仏米ソ等の大国を対日戦争に引きずり込むことに心を砕いた。

上海を主戦場に選んだのは、欧米の租界が林立する上海での対日戦争のほうが、日本がソ連の抑えになっている満洲よりも国際世論に訴えやすいと考えたからである。ソ連に釘付けになっている関東軍は動けず、急遽、新兵の多い急ごしらえの上海派遣軍が送られるが、満を持した蔣介石の前に多大の犠牲者を出した。

負けたと思っていなかった陸軍

しかし、日本海軍の渡海爆撃で中国軍は潰走《かいそう》する。勢いに乗った日本軍は、東京の指示を待たずそのまま首都南京を落としてしまう。蔣介石は重慶に本拠地を移し徹底抗戦の構えを取った。日本軍は、真珠湾攻撃によって開始される太平洋戦争までに、中国大陸で20万人の将兵を失っている。そして太平洋戦争開始後にさらに20万人の兵力を失った。戦略なき大陸侵攻は泥沼の戦争となった。

1945年8月、太平洋戦争が終結するとき、海軍は対米戦でほとんどの軍艦を失っていたが、陸軍は無傷の100万軍隊を中国大陸に留めていた。陛下の御宸襟を悩ませながら、海軍出身の宰相鈴木貫太郎がポツダム宣言を受諾できず、広島、長崎の原爆投下、ソ連軍の参戦まで敗戦を受け入れることができなかったのは、陸軍がまだ負けたと思っていなかったからである。

「日本のいちばん長い日」（半藤一利）が終わり、終戦の玉音放送が流れたとき、中国の日本軍は陛下の御命令通り潔《いさぎよ》く粛々と武装を解除して降伏した。その武器の多くが毛沢東の手に落ちることとなった。ソ連侵攻後の満洲に残っていた日本軍人及び民間人は極寒のシベリアの収容所に送られ10年間の強制労働に服したが、一部の日本軍人は、人民解放軍の近代化に助力することとなった。人民解放軍空軍の生みの親は日本軍人と言われている。

人民解放軍の全土制圧と共産革命は同じ

スターリンは、太平洋戦争に勝利した米国が蔣介石の支援を打ち切るのを見て、今度は本格的に毛沢東の支援に軸足を移した。ソ連の後押しで中国共産党は反攻に出た。長春で都市包囲戦を実施し、膨大な数の餓死者を出したりした。疲弊していた蔣介石は、台湾に逃げ込み、中国大陸は毛沢東の手に落ちた。そして中華人民共和国が成立する（1949

年)。短い中ソ蜜月時代が始まり、中国全土の共産化が始まった。日本陸軍の大陸での勝手な拡張主義的妄動は、結果として、大日本帝国の崩壊の引き金を引くだけではなく、中国に毛沢東の共産政権を樹立させることとなったのである。

毛沢東は北から南へと中国の統一を進めた。それは同時進行する共産革命を伴うものであった。マルクスの期待した都市労働者の蜂起はなかった。そもそも工業化があまり進んでいなかったからである。毛沢東の共産革命は農民革命であった。字の読める地主の子女たちが共産中国の建国に胸を躍らせて参画した。中国共産党による中国統一と共産革命は同義だった。それは決して心優しい革命ではなかった。彼らの父母は財産も土地も、時には命さえ奪われたはずである。

当時の中国共産党は、中国を支配する政治機構を持たなかった。人民解放軍による全土制圧と共産革命は、実は同じものだった。中国共産党の本体は人民解放軍だったのである。公開されている資料は多くないが、多くの地主は殺戮され、字も読めない農民を恐怖で縛り上げたはずである。その人民解放軍は、今も国軍ではなく、中国共産党の軍隊である。宮崎市定《みやざきいちさだ》先生が『中国政治論集』の中で、毛沢東の「反対自由主義」という小論を批評しながら喝破されているように、毛沢東は自由という言葉の意味が理解できなかった。彼にとって、自由とは良心に基づく自己実現ではなく、ただの放逸《ほういつ》と同義であり、革命のための思想改造や自己犠牲とは相いれないものとして頭から排斥された。共産革命を目指し、権力は銃口から生まれると信じた毛沢東は、最初から最後まで、権力の正統性が人々の自由意志にあるという考え方を理解することができなかったのである。

人々の心を抉った文化大革命

ゲリラ戦と群集の扇動に長けた毛沢東であったが、近代的な経済運営の能力は皆無だった。1950年代後半、毛沢東は、中国経済の躍進を約して「大躍進」と名付けた農業及び工業の集団化を強権的に推し進めた。

スターリンのソ連経済は軌道に乗り、スプートニクを打ち上げて科学技術水準の高さを誇示し、共産主義経済はやがて資本主義経済を抜くとさえ思われた。スターリンの風下に立たされた負けず嫌いの毛沢東は、ソ連に必死に追いつこうとしたのである。大躍進は、数千万の餓死者を出す悲劇に終わった。

中国国民の怨嗟の声は大地に満ち、流石《さすが》に共産党内に毛沢東に対する反発が出る。毛沢東は将来を託そうとした劉少奇《りゅうしょうき》、林彪《りんぴょう》や、朝鮮戦争の英雄である彭徳懐《ほうとくかい》といった志ある共産党幹部を次々と排除していった。そして、無垢な子供を紅衛兵として動員し、「造反有理」のスローガンを与えて既存の社会を叩き壊すという暴挙に出た。破局と混乱の中に、自分が権力者として生き残る活路を見出そうとしたのである。それが文化大革命である。中国社会には大躍進で疲弊し、社会不満のガスが充満していた。幼い紅衛兵たちは止まるところを知らない暴力的破壊にうっぷんを晴らした。数百万の人々の命が闇の中に消えていった。

文化大革命当時、普通の人々がどんなに翻弄されたかは、シェ・チン監督、リウ・シャオチン主演の映画『芙蓉鎮』が心を抉《えぐ》る描写で伝えてくれる。文化大革命後の中国は、独裁的権力を再度手にした毛沢東の下で、再び教条的な共産主義・原理主義と狂信的な個人崇拝の世界に戻っていった。

改革開放と天安門事件

1976年、毛沢東が死ぬと、中国経済社会の正常化に向けて巨大な反動が始まる。毛沢東の傍で御小姓として権勢をふるった毛沢東夫人の江青《こうせい》他「四人組」が直ちに放擲《ほうてき》され、共産党が組織としてのガバナンスを取り戻し始める。幾度も失脚した鄧小平が不死鳥のように甦った。

鄧小平は、共産党の権力の頂点が党中央軍事委員会にあると見極めて、そこに腰を据え、胡耀邦、続いて趙紫陽を抜擢して党総書記に据え、改革の前面に押し出した。毛沢東独裁下で疲弊した中国の経済社会の立て直しに入ったのである。毛沢東が死ぬ直前に果たした米中国交正常化、日中国交正常化は、西側の金と技術を中国に取り込む大きな機会を提供していた。満洲事変、日中戦争に負い目のあった日本は、対中開発援助を惜しまなかった。

中国の社会には長い停滞と独裁に不満が渦巻いていた。鄧小平の改革開放は、溜まった不満のマグマに噴火口をつける作業に他ならなかった。生気を取り戻した中国の経済社会であったが、長時間の正座の後に突然立ち上がったようなもので、毛細血管に急激に流れ込んだ血流は激痛を生んだ。急速な改革志向は、ごりごりの保守主義者（つまり共産主義者）である李鵬、楊尚昆ら党長老たちとの軋轢を生まざるを得なかった。鄧小平は、個人独裁を敷いた毛沢東と異なる調整型のリーダーで、党内の改革派と保守派の均衡を取りながら改革開放を推し進めようとした。

地獄の扉が開いた

1980年代に入ると、停滞しきっていたソ連が揺らぎ始める。ゴルバチョフソ連共産党書記長が登場し「新思考」を唱えて改革に打って出た。ソ連は共産主義の本家である。ゴルバチョフの起こした冷戦の終結を感じさせる新風は、中国の改革開放にも影響を与える。第二次世界大戦後、共産主義を掲げて勝ち残った全体主義の共産圏が、自由主義に向かって変貌するのではないかという淡い期待が出てきた。

しかし、その変貌はあまりに急激であり、世界各地の共産党が激動する社会に対するコントロールを失った。ハンガリーで共産主義に愛想を尽かした人々のエクソダスが始まる。ポーランドの「連帯」がソ連共産主義に反旗を翻す。東欧の人々にソ連共産主義のくびきを外したいという欲求が表面化し始める。そして、ついに政治体制としてのエネルギーを枯渇させていたソ連邦が内側から崩落する。

膨大な量の核兵器を蓄えて超大国となったソ連邦であったが、個人の良心と自由を封殺した独裁体制は、わずか70年の命脈であった。ソ連邦を構成していた中央アジア、コーカサスの少数民族国家が独立する。ユーゴスラビアが分裂して内戦に入る。ルーマニアでは、長い間独裁を敷いてきたチャウシェスク夫妻が銃殺される。

冷戦の終結と自由主義の勝利を、経済のグローバル化の進展と合わせ歓喜していた西側諸国と異なり、中国共産党幹部が見た1980年代後半から1990年代の世界は、共産主義の絶滅を予感させる不気味な黙示録に他ならなかった。

西側諸国には、ソ連邦消滅がグローバルな自由主義的国際秩序への扉を開いたように見えたが、中国共産党には地獄の扉が開いたように見えたはずである。中国共産党の強烈な生存への欲求が刺激される。何としても生きのびなくてはならない。自由主義、民主主義は共産党を脅かす。排除せねばならない。中国共産党の組織としての生存本能は、改革開放に活路を見出そうとする胡耀邦らと、原理主義的な共産主義に固執する保守派の路線対立を決定的にしていく。

運命の1989年6月4日、天安門事件が起きる。鄧小平は、保守派にすり寄り、改革派の胡耀邦を切り、趙紫陽を切って、生きのびようとした。胡耀邦は、世界史の流れに恐怖した長老たちから連日吊るし上げられ、会議の最中に憤死したと伝えられる。改革派のリーダーだった胡耀邦の死が伝わると、その死を悼む学生たちが続々と天安門に集まってきた。数十万、百万ともいわれる。当時の学生の驚くほどリベラルな雰囲気は、ロウ・イエ監督の名作映画『天安門、恋人たち（原題・頤和園）』が余すところなく伝えてくれる。

ひ弱で小さな学生たちの憤りであったが、共産主義消滅の悪夢に恐怖していた党長老たちには、雨の滴が集まって怒濤の暴流を生むように、それが巨竜となって中国共産党支配に牙をむくように見えた。中国共産党幹部は、人民解放軍を投入して学生の排除を命じる。虐殺の始まりである。最初に命令を受けた将校は、命令を拒否したと伝えられている。彼はその後どうなったのだろうか。

天安門事件の後、巨大な人権蹂躙事案に驚愕した西側諸国は、対中制裁に入る。海部俊樹政権の下で日本だけが中国の肩を抱いた。ソ連と決別して改革開放を進める中国を支えることが国益であり、世界の利益であって、中国を再び毛沢東の時代に逆戻りさせてはならないと考えたのである。やがて1990年代の中葉になると、中国の発展が軌道に乗り、世界のビジネスが中国に殺到するようになった。農民工の廉価で優れた労働力は、世界の企業の垂涎の的になった。中国はかつての日本のように世界の工場になっていった。

中国の発展がもたらした異形の巨軀

中国が目覚ましい発展を遂げるようになると、中国の経済社会も大きく変わっていった。自由を抑圧する共産党に対する国民の不満は、生活水準を劇的に押し上げた経済発展の中でとりあえず解消されるように見えた。日本も懸命に後押しした中国の世界貿易機構（WTO）加盟は、日本以外の多くの国の技術と資本を中国に注ぎ込んだ。西側諸国は、やがて中国が自分たちのようになると信じた。富の蓄積は、人々を豊かにし、豊かになった人々は政府に物申すようになり、いつの日か民主化が俎上に載ると考えた。

その期待は裏切られた。中国共産党は、冷戦末期の各国の共産党消滅の恐怖を忘れてはいなかった。民主化は、共産党独裁の死を意味する。それは決して中国共産党の受け入れるところではなかった。魏《ぎ》京生《きょうせい》、方励《ほうれい》之《し》、程暁農《ていぎょうのう》、何《か》清漣《せいれん》、劉暁《りゅうぎょう》波《は》と歴史に名を残す民主運動家も生まれたが、中国から見れば、外から忍び寄る民主化は「和平演変」と呼ばれ、西側諸国が中国共産党の独裁を終わらせるために仕掛けてきた敵対工作だとみなされるようになった。冷戦後の中国共産党にとって、自らが生きのびることこそが、全てに優先する目的だったのである。中国は、西側諸国が中国のもたらす富に歓喜している間に、ゆっくりと西側に背を向けていった。

『ジャックと豆の木』に出てくる豆の木のように、中国の変貌は激しい。美しい路地の入り組んだ北京や田んぼしかなかった上海の浦東《ほとう》が、みるみる天を衝く高層ビルの林立する都会に変貌した。その中で共産党独裁支配体制下の中国は、西側社会とは似ても似つかない異形の巨軀を膨らませてきた。

「貧者を喰らう国」

第一に、社会格差と底なしの汚職である。中国は、初期工業社会が生む巨大な社会格差を是正する議会や労働組合を持たない。逆に富は権力を独占する共産党と人民解放軍に集中した。社会格差はますますひどくなり、底なしの泥沼のような汚職を生んでいった。習近平が滅ぼした政敵の周永康《しゅうえいこう》は、主管の石油産業に利権を張ったが、その汚職額は2兆円と言われた。

地方に住む庶民のほとんどは、月に1万円か2万円の収入を老後に備えてつつましく節約しているにもかかわらずである。中国の発展を支えた出稼ぎの農民工は、低賃金で朝早くから夜遅くまで劣悪な労働環境を厭わずに働き詰めだった。都市部に生まれていない農民工は、別戸籍で管理され、都市住民とは異なる人間として、同じ権利が与えられなかった。同じ尊厳を持つ人間とは見なされなかった。

しかし、農民工にとってわずかな給金でも、貧しい田舎の父母に送れば喜ばれた。社会保障も医療保険も整っていない中国の地方では、庶民は食べるものも食べず、なけなしのお金を削って、老後に備えて必死に貯蓄せねばならないのである。阿古智子東大教授が言うように、中国は「貧者を喰らう国」と成り果てた。

中国共産党は、富の集中する共産党にネオリッチとなった人々を取り込むことで、共産党支配を安定させようとしている。江沢民《こうたくみん》は「3つの代表」論（共産党は先進的な生産力、先進的な文化、最も広範な人民の利益を代表するという主張）を唱えて、共産党の門戸を新しく成金となった人々に大きく開いた。かつて清貧の農民こそ正当な階級とされた中国共産党は、腐敗した金まみれの金持ちクラブに変貌してしまっている。マルクスが見たら泣くであろう。

近代的「国民」創出の難しさ

第二に、少数民族問題の噴出である。中国は、ソ連と同様、共産主義を掲げた近代的「国民」創出に失敗した。「ソ連国民」が生まれなかったように、プラスチック製の共産主義的人間というアイデンティティを与えても「国民」は生まれない。「共産中国人」も生まれなかった。もともと多民族国家であった清を引き継いだ中国は、近代的「国民」のアイデンティティの創出において、日本とは異なる難しさを抱えていた。改革開放が成功し、拝金主義が共産主義に置き換わっていく中で、支配のイデオロギーとしての共産主義は生命力を失った。

中国共産党は、自らの独裁権力の正統性を飾り付けようとして「中華5000年の栄光」という歴史の実証に耐えない神話を創り出した。問題は、それが漢民族を中心とした神話であることである。毛沢東の少数民族征服は、共産革命と裏腹であった。イデオロギーとしての共産主義の退潮は、押さえ付けられていた1億を数える中国の少数民族の失った誇りを蘇生させた。

草原の民であった内蒙古、チベット、新疆ウイグルの少数民族は、モンゴル族、チュルク族で日本人に近い民族であって、漢民族とは歴史も民俗も言語もアイデンティティも共有しない。中国共産党が打ち出した少数民族問題に対する政策は、かつて戦争中に植民地の人々を動員しようとした日本の皇民化政策に似た強圧的な同化政策だった。中国共産党は、共産主義の思想改造によって国民国家を創り出すことに失敗した中国を、漢民族を中心とした愛国主義で染め上げようとしているのである。

それは決して成功しない。もはや中国の少数民族問題は、抑えられないところまで悪化しているように見える。鉄道を敷き、ガスを通し、電気を通し、上下水道を完備しても、人間は魂を売ることはない。20世紀中葉、アジア、アフリカの欧州植民地帝国が倒壊し、20世紀末、ソ連崩壊時に帝政ロシアの毒牙にかかった多くの少数民族が独立を果たしたように、同意なき植民地支配は必ず失敗する。これから中国は、少数民族問題という時限爆弾を抱え続ける。中国は、世界中の非難を受けながら、少数民族の弾圧を続けざるを得ない。

中国版「八紘一宇」

第三に、愛国主義の高揚である。中国共産党は、肥大化する国力に酔い始めた中国国民に過剰なナショナリズムを注入しすぎた。共産主義イデオロギーが支配装置として賞味期限が切れたことを恐怖した中国共産党は、「中国共産党こそが欧米日の列強に踏みにじられ、軍閥割拠、国民党との内戦、そして日本軍の侵入を跳ね除けて、今日の繁栄する中国を創り出したのだ」という建国神話を創り出し、それを共産党独裁の正統性根拠として持ち出した。

その中では、アヘン戦争から中華人民共和国成立までの100年間の屈辱が執拗に繰り返される。共産主義に代わり、愛国主義が中国共産党の正統性を支える思想的安全装置として登場したのである。愛国主義は、国民教育、政府の宣伝を通じて、中国国民の脳裏に嫌というほど刷り込まれた。

愛国主義は、国力の急上昇する工業化の初期に国家が利用すると、危険な毒となることが多い。いつしか国民のナショナリズムが、政府を煽り始める。ナショナリズムは虎と一緒で、一度その背に跨った為政者は降りることができない。降りたら食われるからである。中国人自らが「騎虎難下」というとおりである。それは昭和前期の日本が経験したことである。国威発揚という空虚なスローガンが、国民の忠誠心を死をも恐れぬところまで奮い立たせる。特に2008年のリーマンショック後の西側経済の混乱は、中国に西側の没落を確信させ、中国は世界覇権という夜郎自大な夢を膨らませることになった。そこに屈辱の100年の雪辱という暗い復讐主義が混入する。多くの中国人は、今こそ、西側の押し付けた国際秩序というくびきを逃れて、自らが主導する国際秩序を構築する権利を与えられたと誤解している。中国版「八紘一宇」である。

そこには、市民革命、奴隷貿易の廃止、戦争の禁止と平和の制度化、民族自決と人種差別撤廃を通じて、人類の歴史が自由主義的な秩序に向かって、多大の犠牲を払いながら、ゆっくりと、しかし大股で歩んできたという認識はない。中国共産党は、自由主義的な世界の進歩を認めない。人々の自由意志こそが権力の正統性を担保するという自由主義的な考え方を認めない。今日、習近平指導下の中国では「普遍的価値観」は正式にタブーとされるまでになった。今の中国を見ていると、まるで19世紀の弱肉強食の世界が続いており、ジャングルの掟が支配する国際社会において、今度こそ、自分たちが覇権を取る番が来たと言わんばかりの鼻息である。

民兵と海警と人民解放軍がごちゃごちゃ

第四に、拡張主義である。愛国主義の高揚がもたらした中国の夢は、かつての中国の復権である。それは大清帝国の版図の復活と重なる。失われた領土を取り返し、周辺の国々を朝貢国として屈服させたいという野望が見え隠れする。実際、今日の中国人の領土「回復」に対する執着はすさまじい。問題は、中国が一方的な実力行使に出てきたことである。

中国の軍事力は強大であり、もはや米国以外に単独で止めることのできる国はない。昭和前期の中国大陸における日本陸軍のようなものである。賢い中国共産党は、米国を刺激しないように、米国との軍事衝突は望まないと米国の耳元でささやきつつ、海警（中国の海上保安庁）を使って周辺国に実力行使に出た。親分の米国には仁義を切りつつ、子分を素手でどついて回るような狡猾なやり方である。戦争と平和の中間という意味でグレーゾーンの状況と呼ばれる。

戦闘は正規軍に限り、文民、民間人は戦闘から引き離して保護するという国際人道法の原則を無視して、民兵と海警と人民解放軍を軍が統一運用してごちゃごちゃに戦場に駆り出す中国のやり方は、とても近代国家のものとは言えない。それでは本来は文民である民兵も海警も有事が始まれば直ちに軍事目標になる。まるで海の便衣兵（民間人に化けた軍人）である。一等国のすることではない。しかし、それが現実に中国がやっていることである。

中国は、ついに米国の同盟国である日本の尖閣、フィリピンのスカボロ礁で示威行動、実力行使に出た。スカボロ礁は事実上奪われた。中国はさらに地中海より広い南シナ海を「九段線」で囲い込み、中国の海だと称して周辺諸国を威圧し、漁業活動、石油開発を妨害した。ヒマラヤの中印国境では小競り合いを引き起こしてインド軍兵士を撲殺するようになった。

そして、2020年には香港の一国二制度を無視して国家安全維持法を適用し、思想警察である公安要員を大挙して送り込んで、香港の自由の灯を消した。天安門事件の後の中国人なら泣いたであろう。しかし、今日、愛国主義に酔う中国国民から、香港が可哀想だという声は聞かれない。

現代に甦ったプチ毛沢東

習近平は、特異なリーダーである。科挙に受かり、士大夫然として、典雅な身の振る舞いを身に着けた伝統的な中国宮廷官僚のような趣はない。習近平は、10年以上にわたって大学が閉鎖され、教条的な毛沢東の個人崇拝を叩きこまれた無知な紅衛兵の世代である。伝統ある中国の知識階層を踏みにじった文化大革命の落とし子である。高等教育を奪われた世代の人なのである。それが彼の青春だった。習近平には『紅楼夢《こうろうむ》』よりも『水滸伝《すいこでん》』のほうが似合う。

習近平は共産党幹部を父に持つ紅二代《こうにだい》である。しかし、剛直な父・習仲勲《しゅうちゅうくん》の失脚とともに、幼いまま地方に下放され、父の復権と共に突如、名門の精華大学に迎えられた。そのまま軍隊に入った習近平は、毛沢東と同様、自由主義的秩序に向かって大きく歩んできた国際社会の歴史を全く理解しないし、共感もしない。自由という言葉の真の意味など理解できないであろう。

激烈な中国共産党の内ゲバと権力闘争を勝ち抜いてきた習近平の統治スタイルは、徹底した監視社会の実現と、集団的指導体制を排した個人独裁であり、個人崇拝と組み合わせた思想的洗脳である。習近平は、現代に甦ったプチ毛沢東である。

かつてインターネットの普及によって中国社会にわずかに開いた電子通信空間は、中国に言論の自由をもたらし、民主化に貢献すると思われたが、電子通信技術と人工知能がもたらしたものは、ビッグ・ブラザーが支配するオセアニア（ジョージ・オーウェル『1984年』）張りの電子監視国家だった。

スーパーコンピューターは、中国人14億人の詳細な個人情報の管理を可能とした。個人の情報をペーパーで管理すると、政府の個人情報管理能力は限られる。氏名、性別、戸籍、現住所のような住民基本台帳の情報を集めるのが精一杯である。スーパーコンピューターはそれに加えて、位置情報、消費活動、生体情報、スマホで検索したウェブサイトまで、おそらく印刷すれば数十万枚に上るであろうログ情報を一瞬で詳細に把握できる。顔認証技術、電子人民元の導入は、共産党による人民のより完全な電子的掌握を可能とする。一人ずつ膨大な量の個人電子データがスパコンで管理される。個人は、党と政府によって丸裸にされる。

世界を魅了した成長する中国市場もゆっくりと減速しそうである。中国でインターネットを利用したプラットフォームは膨大なデータを駆使する大企業を生んだ。アリババ、バイドゥ、テンセント等の総資産価値は、グーグル、アップル、フェイスブック、アマゾンと同様、かつての世界的大企業だった石油産業、主要銀行、自動車産業を遥かに追い抜いて巨大化した。

しかし、プーチン露大統領が、独自の力を蓄えた石油王ホドルコフスキーを破滅させたように、習近平は、中国共産党の支配を離れて巨大化した中国のネット企業を、党の力で抑え込もうとしている。習近平の次の狙いは、官用地の払い下げと借り入れと投資の自転車操業で巨利を上げた不動産業界のようである。

習近平は「普遍的価値観」という西側の価値観に関する議論を禁止し、豊かになった中国人が異端の西洋思想にかぶれないようにと、イデオロギー的な思想改造を徹底するようになった。自らを思想的教導者と位置づけ、個人崇拝のような学習を強要している。さらに私設の学習塾を規制し、子供がゲームに興じる時間を制限し、「共同富裕」を唱えて大金持ちとなった人々に寄付を強いている。

しかし、豊かな産業社会に向かって離陸した中国の経済社会を、数千万人が餓死した極貧の毛沢東時代に戻すことは不可能である。にもかかわらず、イスラム国の原理主義者が、中世のカリフの支配するムスリム世界に戻ることで、再び西側世界を凌駕することができるという夢を見ているように、習近平は、毛沢東の原理主義と原始的な共産主義社会への回帰が、中国を安定させ、さらなる発展に導くと信じているようである。

複雑な産業社会となった中国の経済社会が抱える矛盾は、このような小手先の弥縫策《びぼうさく》で解決できるものではない。独裁政権の中国共産党には自浄能力がない。真の解決は、中国の民主化にしか見出すことはできないであろう。しかし民主化は当分来ない。今のままでは来るはずもない。習近平は、自由への道を開くことは、共産党の支配を揺るがす国家反逆の罪だと信じているからである。

中国の王道思想と普遍的価値観

中国は、これからどうなるのだろうか。中国共産党は、これからどうなるのだろうか。理想を忘れた権力体は、権力の維持だけが目的となる。しかし権力は目的ではない。国民に奉仕する道具に過ぎない。それを忘れた権力体は、金にまみれた金権腐敗と冥府魔道《めいふまどう》の権力闘争のとりことなる。そしていつか必ず国民から見放される。

中国共産党は消えても、中国は残る。中国人は残る。その時、中国人が見出すのは、今、中国共産党が政治的タブーとして禁止している普遍的価値観である個人主義、自由主義の思想である。20世紀前半に自由主義の洗礼を受けないままに独裁に走った中国人は、いまだに本当の自由の価値が分からない。自由主義的な国際秩序の広がりが、人類にとってどれほど大事なものかが分からない。19世紀的な弱肉強食の世界は、21世紀に自由主義的な国際秩序に変貌した。中国は、そこから平和と繁栄という最大限の恩恵を享受している。その平易な歴史的事実が見えない。

今、中国共産党が、自由主義的国際秩序から背を向ける理由は一つしかない。自らの独裁権力の存続と富の独占のためである。自分たちが権力の座で生き残り続けるためである。

しかし、現在、中国共産党が忌み嫌う自由主義は、私たちの慣れ親しんできた東洋の王権思想と本質的に異なるものだろうか。欧州に啓蒙思想が現れる遥か以前、例えば、2300年前の孟子は、「民を貴しとなす、社稷これに次ぐ、君を軽しとなす」と喝破した。孟子はまた、仁の心を忘れた暴虐な君主は天命を失って匹夫に戻るのであるから、誅殺しても構わないとまで述べている。中江兆民が驚いたように、孟子とルソーの思想は酷似している。

ボス猿はサルの群れのためにある

明治維新の始まる10年前、幕末の国難に独り焦燥して行動し処刑された吉田松陰は、処刑前のわずか1年間、萩の粗末な松下村塾で長州の若者を鼓吹して、日本の近代を開く偉人を数多く育て上げた。松陰が松下村塾で講義したのは『孟子』だった。松陰は、天は目を持たず、耳を持たないのであるから、民の目を通じて見、民の耳を通じて聞く、したがって天の心は民の心であると説いた。

自由主義の根底には、一人では生きていけない人間が共同体を作って生きのびよう、よりよく生きようとするために、神から愛の力が与えられているという確信がある。神の愛とは優しさのことである。それは考え方というより、人間の良心に根差した真実に対する洞察である。その真実の発見のためには、霊性と知性の交錯を必要とする。

トルストイが『人は何で生きるか』で書いたように、人は愛を与えられているにもかかわらず、愛を与えられていることに気付かず、にもかかわらず愛によって生きている。愛とは、平たい日本語で言えば、温かい心のことである。古来、多くの聖人が、その真実に気付き、温かい心のことを、愛と呼び、仁と呼び、慈悲と呼んで大切にしてきた。

中国の政治思想家は、最も早くそのことに気付いていた。孔子は仁を唱えた。残念ながら東洋の王権思想は、仁政のために王者の修身だけを説き続けた。「修身斉家治国平天下《しゅうしんせいかちこくへいてんか》」は、長らく中国政治の理想だった。しかし、権力とは王者の修身でコントロールできるような生易しいものではない。権力は猛獣のような獰猛な生き物である。また、権力はすぐに腐敗する。そして時に驚くほど残忍になることができる。

いうまでもなく権力は、人々が幸福に生きるための道具に過ぎない。人の共同体が権力を立てるのは、よりよく生きるためである。自然界においても、猿の群れはボス猿のためにあるわけではない。ボス猿が群れのためにあるのである。人間は、共同体の安定を求めて権力を立て、権力を飾ろうとする。往々にして飾り立てられた権力は、その存続自体が目的であると勘違いしがちである。だから権力は、治められる者によってコントロールされなければならない。

求められる権力の正統性

欧州近代民主主義制度が人類に残した遺産は、権力を国民がコントロールする制度的な保障である。立憲政治、議会政治、複数政党制、普通選挙、権利章典、三権分立がそうである。明治の日本は、19世紀後半に、よく分からないまま兎《と》に角《かく》やってみようということで、欧州で根を張りつつあった自由主義、民主主義の諸制度を導入した。1889年に書かれた大日本帝国憲法は、アジア最古の近代的憲法である。1890年に開かれた帝国議会は、それ以降、いかなる危機的状況でも閉じられることのなかったアジア最古の議会である。日本の民主主義は、アジア最古の民主主義である。

130年の日本の議会政治、民主政治の経験は、昭和前半、統帥権の独立を笠に着た軍人の暴走と帝国の崩落という悲劇を経ねばならなかったが、戦後、自由主義、民主主義を日本に甦らせ、深く根付かせた。この1世紀を超える経験から気付かされたことは、西洋発祥の自由主義、民主主義の根底には、キリスト教に根差した深い神の愛があり、神の国は一人ひとりの心の中にしかないのであるから、一人ひとりの良心と道徳感情に法の淵源があり、一人ひとりの自由意志に権力の正統性、根拠が求められるということである。

そして、キリスト教徒がいう神の愛とは、私たちが儒教の王道思想で教えられてきた仁のことであり、仏教で習ってきた護国思想にいう仏の心と同じものであるということである。

中国が、2000年にわたって東アジアに君臨してこられたのは、軍事的に優れていたからではない。軍事的には北方の騎馬民族や、サムライの治めた日本のほうが優れていた。中国は道徳の力で輝き続けてきたのである。中国人が尊敬されたのは、東アジアで中国人が仁（優しさ）こそが人間の一番大切な倫理感情であると、一番初めに言い始めたからである。
2500年前、孔子は『論語』の中で「仁とは人を愛することだ」と述べた。暴虐な共産主義独裁から始まった中国の近現代がいつか終わりを迎えるとき、中国人の心の中に光り始めるのは仁であろう。それは自由主義、民主主義の源である。

王道思想は永遠に枯れない

人間の真実に洋の東西はない。中国人は、日本人がそうであったように、いつか必ず政治的に成熟し、西洋起源の普遍的価値観が自らの王道思想と同じものであると気付くであろう。130年間、自由主義、民主主義に先んじた日本人は多くの挫折を経て、今日、自由主義とは、一人ひとりが自らの良心に照らして正しいと思うことを話し合い、ルールを作り、権力を駆動させることであると気付いた。それが法の支配、国民主権の本当の意味であると気付いた。そうして21世紀の日本は、アジアで堂々と自由主義を掲げる国となった。

これから私たちが中国に関わろうとするとき、現在、目も眩《くら》む経済発展の中で、中国共産党の独裁的支配に羊のように従順に服従し、刷り込まれた愛国主義に陶酔している中国人もまた、2000年以上の間、仁の心を大切にしてきた人々であるということを、決して忘れてはならない。それを忘れなければ、自由の意味を知らないまま拝金主義と底なしの汚職に溺れ、権力闘争に明け暮れるようになった中国共産党が、どれほど腐敗しようと、どれほど思想教育を徹底しようと、どれほど全国民の電子的監視を強めようと、どれほど国際法を無視して周辺国に不当に当たろうと、いつか本当の中国人が復活すると信じることができる。

権力は、国民のためにある。中国共産党がどれほど強大であろうと、所詮、権力とは国民という大海に浮かぶ船に過ぎない。暴虐な王は、いつか大海に呑み込まれて沈められる。それが王道思想の神髄である。

中国共産党は、見事に成し遂げた「死の跳躍」の向こうに何を見ているのだろうか。日本が武力による現状打破を求めて自爆した20世紀前半、国際秩序は平和の創造に向かっていたが、いまだアジア、アフリカの植民地支配と人種差別が牢固として残っていた。共産主義、ナチズム、ファシズムは猖獗《しょうけつ》を極めようとしていた。しかし、今日の国際社会は、自由主義的な国際社会へと大きく変貌を遂げている。中国が不満に思う要素などどこにもないではないか。中国こそ、改革開放の後、この自由主義的国際秩序の恩恵を最も享受してきた国である。中国が巨大な軍事力を使って打破せねばならない不義の現状などどこにもない。

遠い将来かもしれないが、いつの日か中国が自由主義的国際秩序に加わる日が来るはずである。なぜなら、自由主義的秩序を支えているのは、やがて必ず枯れ果てる全体主義イデオロギーとは無縁の仁の心だからである。中国が輸入した共産主義イデオロギーは枯れ果てつつあるが、中国の生んだ王道思想は永遠に枯れないからである。

性急になる必要はない。西側諸国も100年以上かけて変わってきたのである。自由主義、民主主義、工業化の始まった欧州諸国は、アジア・アフリカでは植民地帝国であり、人種差別主義者であった。アジアの解放を訴えた日本は、同じアジアの中国に攻め込んで満洲を奪っている。皆、最初から今日のように立派な普遍的価値観を信奉していたわけではない。歴史は大河が低きに流れ、海に注ぐように正しい方向へ進んでいく。しかし、その流れはいつもジグザグである。工業化、自由主義、民主化のプロセスは、優に1世紀かかる。中国の成熟にも時間が必要なのである。

第3章 対中大戦略を策定する——外交戦略

鬼を人間に戻す

それでは、私たちは、中国共産党と人民解放軍の支配する中国とどう向き合っていけばよいのだろうか。本章では外交戦略について、次章で軍事戦略について述べてみよう。

今、私たちが向かい合う中国は、もはやソ連の軍事的重圧にあえぎ、毛沢東の「大躍進」と「文化大革命」で数千万人が死に追いやられ、国民の不満のガスが国中に充満していた1970年代初頭の中国ではない。華やかな経済発展を遂げた巨軀は天を衝き、強大な人民解放軍は周辺国を睥睨《へいげい》する。共産党に煽られてきた愛国主義の炎は、今は逆に共産党を追い立てる熱風となった。格差と汚職と少数民族弾圧は止まるところを知らない。

今の中国を西側との協調路線に戻すことは容易ではない。漫画『鬼滅の刃』に出てくる主人公の妹、竈門禰豆子《かまどねずこ》を鬼から人間に戻すような話である。鄧小平の作った集団指導体制を打ち毀し、毛沢東のような絶対的独裁者を目指す習近平は、明らかに西側に背を向けて、力をもってアジアに独自の勢力圏を創ろうとしている。それは自由主義的国際秩序とは似ても似つかない皇帝独裁と朝貢制度に基づく現代版大清帝国である。今の中国は伝統的な垂直型の国際秩序から抜け出せていない。ウェストファリア型の主権国家並存型のフラットな国際秩序は、いまだに中国の血肉となっていないのである。

今日、アジアで先進工業国家として自由主義的秩序の創生を支えていけるのは日本だけである。日本外交の英知が問われる。

外交戦略と軍事戦略の連関

国家安全保障戦略の基本は、まず外交戦略である。軍事戦略はその次に来る。外交で勝つ者が戦争に勝つ。戦場での勝利だけを求める者は必ず戦争に負ける。太平洋戦争直前、帝国陸海軍は「帝国国策遂行要領」策定を主導し、日本の行く手を阻むものがあれば、米英蘭の誰であれ武力をもって屈服させると息巻いて、本当に全ての国と戦争して大日本帝国の崩落を招いた。

対照的に、真珠湾攻撃の前、すでに4年を超える日中戦争に苦しんでいた蔣介石は、日本軍に満洲を奪われ、華北を奪われ、米国、ソ連、英国等の日中戦争への介入を必死で外交工作していた。

帝国陸軍の幹部が陸軍士官学校の偏った教育で軍事馬鹿になり切っていたのに対し、孫子の国から来た蔣介石は、日本の東京振武学校で学び、帝国陸軍に勤務しただけではなく、中国に戻ってからはソ連の影響を受けた黄埔軍官学校で校長を務めた知将であった。日本は米国に石油禁輸で追い詰められ、山本五十六連合艦隊司令長官が真珠湾を爆撃して、蔣介石の見果てぬ夢は、突然、吉祥の正夢となった。大日本帝国は自爆し、崩落した。

無手勝流こそ一流の戦略

漢の劉邦が参謀の張良を称えたように、戦争の勝敗は戦場から1000里離れた帷幄《いあく》の中で決まる（「籌《はかりごと》を帷幄の中《うち》に運《めぐ》らし、勝ちを千里の外に決す」〈『史記』「高祖本紀」〉）。同盟工作に敗れたほうが負ける。敵の同盟を裂くことは、10隻の軍艦を轟沈させるより、100台の戦車を破壊するより価値がある。敵の交わりを裂き、孤立させるのは、古来、孫子の兵法の常道である。孫子の言う通り、「百戦百勝は善の善なる者にあらざるなり」なのである。

無手勝流こそ真に一流の戦略である。そのためには、まず外交戦略が来る。敵を減らし孤立させ、味方を増やし、中立国の好意を勝ち得る。敵の敵は必ず味方である。『六韜《りくとう》』にいうように、大国と同盟し近隣国との摩擦を減らす。古今東西、外交の黄金律は同じである。

国家安全保障戦略を考えるには順番がある。軍事から入ろうとすると間違える。国家安全保障は将棋と同じである。まずは、相手方の駒揃えを見る。初めは敵方のほうが優勢でも、こちらの味方を増やしていけば、自陣営の持ち駒がどんどん増える。それが外交である。敵を減らし、味方を増やし、中立国の好意を得るのである。こちらが圧倒的に有利なら、あまり心配はいらない。圧倒的に不利なら雌伏するしかない。

味方の勢力と敵勢がほぼ均衡するようであれば、全身全霊を集中して相手の打つ手を読まねばならない。敵の意図の分析が重要になる。10手も20手も先を読み合い外交が行き詰まるとき、軍がその力を誇示して、敵に武力紛争への移行を思い止まらせる。それが抑止である。そうして再び外交に舞台が戻る。外交と軍事が連続する。これがあるべき安全保障の姿である。

現代外交においても、このような権力政治の側面は必ずついてくる。権力関係の均衡は、国際政治の土台である。

「自由で開かれたインド太平洋」戦略

ただし、地球的規模で経済のグローバル化が進み、情報化が進んでいる今日、19世紀的な弱肉強食の外交は通用しない。国際社会は、20世紀の戦争と革命の混乱と流血を経て、地球的規模での自由主義社会の創生に向かって進んでいる。

自由、平等、法の支配、市場経済、自由貿易が、国際政治の日常に浸透している。共に繁栄するべく地球的規模で市場経済統合を進め、また、国際社会の多くの志を同じくする仲間たちと普遍的に通用する価値観を掲げ、私たちの住む自由主義的な国際秩序を守ることが求められる。

現代国際政治において国家安全保障を語るためには、権力政治の次元とともに、経済的繁栄の次元と、価値観の次元を語ることが不可欠になっている。この三者を一体として、バランス良く織り交ぜて外交を実践するものが勝者となる。

中国という今世紀最大の自由主義的国際秩序へのチャレンジャーがアジアに現れた以上、世界の国々は、中国と同じアジアにある大国、日本を見る。日本は何を考えているのだろうか。日本はどう対応するのだろうか。日本のリーダーが話す一言一言や、打ち出す戦略を、世界がかたずを呑んで見守っているのである。

例えば、日本は、この10年で、自由貿易の発展にも大きな貢献をした。米国離脱後の環太平洋パートナーシップ協定（ＣＰＴＰＰ）をまとめ上げた。日本のリーダーシップがなければＴＰＰは死んだであろう。地域的な包括的経済連携（ＲＣＥＰ）協定にも積極的に加わった。さらに、トランプ元米国大統領が自由貿易に背を向ける中で、日ＥＵ経済連携協定（ＥＰＡ）をまとめ上げた。日欧の自由貿易へのコミットメントを世界に示した。21世紀に入ってメガ自由貿易圏創設に動いているのは日本だけである。

今の日本には、自分の言葉で堂々と地球的規模のビジョンを世界に向けて発信できるリーダーが求められている。第二次安倍政権において、安倍総理は「自由で開かれたインド太平洋」構想を打ち出し、世界の国々から高い評価を受けた。日本の戦略ビジョンが世界史の流れに大きな影響を与えたのはこれが初めてである。米国のトランプ大統領は直ちに飛び付いて、自分のブランドとしてしまった。ハワイの米太平洋軍は、インド太平洋軍と改名した。米国も、英国も、フランスも、ドイツも、豪州も、欧州連合も、そしてＡＳＥＡＮも、インド太平洋という戦略的枠組みで考え始めた。各国とも、新しいインド太平洋戦略を打ち出してきた。

「自由で開かれたインド太平洋」構想が、一気に世界に広がったのには理由がある。それは権力政治、自由貿易、価値観、即ち、国益の基本である安全保障、経済的繁栄、価値観の全ての次元にわたってバランスが良く、しかも、現在のインド太平洋地域に生起しつつある戦略的な地殻変動を見事に言い当てているからである。日本が近代外交に足を踏み入れた明治以降、日本の戦略的コミュニケーションがこれほど高い評価を受けたことはない。今後は、その実現が問われる。有言実行でなければ信用されない。それは国家でも、個人でも同じことである。

入れ換わる国際政治の「柱と梁」

地球的規模になった人類社会は、一軒の家のようなものである。どんな家にも必ず柱と梁がある。大きな骨格に、小さな梁がさらに組み合わさって家を支えている。大きな柱や梁の役割は、大国が担う。全ての主権国家は平等であるが、その実力には大小がある。人間世界と同じである。

そしてまた、大国の地位は案外に儚《はかな》い。数百年にわたって栄華を謳歌する大国は稀である。世界大戦などを奇貨として大国の地位に上り詰めても、生命力の薄い大国はあっという間に凋落する。10年の単位で刻んでみれば、国家の栄枯盛衰は激しい。英仏の地球的規模の大植民地帝国はたった1世紀の栄華だった。核超大国ソ連は70年しかもたなかった。大日本帝国も70年余りしかもたなかった。ナチスドイツは十数年の命脈だった。諸行無常である。それも人間社会と同じである。

世界史とは、大国の興亡が織り成す絢爛たる歴史絵巻に他ならない。産業革命以前、ユーラシア大陸を押さえていたのは、強大な騎馬軍団を持ち、陸路海路の交易で栄えたモンゴル・チュルク系の大国であった。オスマン帝国（トルコ）、ムガル帝国（インド）、大清帝国（中国）である。モンゴル・チュルク系の一門である日本は、当時、徳川幕府の支配下にあったが、広大な砂漠の広がるオスマン帝国より人口の多い世界第3位の大国であった。南北米大陸、フィリピン、インドネシア、マレーといった人口希薄な地域は、銀、香辛料の貿易中継地の独占支配を求めた大航海時代の欧州人によって暴力的に組み敷かれたが、その欧州人も、これらの大帝国に対しては腰の低い商人として振る舞っていた。

産業革命後、これらの国々が一気に凋落する。工業による国力伸長は指数関数的である。アジアでは誰も知らない北西ヨーロッパの島国である英国が、強大な海軍で五大洋を支配し、世界の富の半分を生み始めた。フランス、ドイツ、オランダ、ロシア、アメリカが猛追する。アジアから唯一、日本がかろうじてその一陣に加わった。ロシアを除き、今日、その多くが先進工業民主主義国家と呼ばれ、G7を形成している。工業化時代の初期、新しく地球の支配者となった国々は、激しい権力闘争を引き起こした。

欧州では、宗教戦争だったドイツ30年戦争を終わらせたウェストファリアの和平以降も、実は、あちこちで延々と戦争を繰り返していた。欧州で戦争がなかった日はほとんどない。日本の室町戦国時代のような殺戮の時代が20世紀まで続いていた。そこに産業技術を取り入れた兵器がどんどん登場した。また、国家に忠誠を誓う近代的「国民」の登場は総力戦を可能にした。20世紀前半、人類史上、比類のない大量殺戮が始まった。

第一次世界大戦では、勃興するドイツにオーストリアと老いたオスマン帝国が加わり、英国、フランス、アメリカ、ロシア、日本等がこれを迎え撃った。サラエボでのオーストリア皇太子殺害事件に端を発した戦いは、誰もが予想しなかった長期にわたる世界大戦となり、夥しい死者を出し、敗戦国となったドイツのホーエンツォレルン家、オーストリアのハプスブルク家が倒れ、ロシアでは大戦の途中で起きた革命でロマノフ家が倒れた。オスマン帝国も倒され、そのアラブ領は英仏が思うままに分割した。

第二次世界大戦では、アメリカ発の世界恐慌の後、先行する植民地帝国が自らの植民地を自給経済圏として囲い込むのを見た日独伊が「持たざる国」として「現状打破」を試み、米英仏蘭に挑戦して敗れた。戦勝連合国は、実は、雑多な組み合わせであった。自由主義を掲げる新興大国であった米国に、アジア、アフリカ人を組み敷いていた古色蒼然の植民地帝国である英仏が加わり、ドイツに攻め込まれた共産主義のソ連、日本と戦い毛沢東の手に落ちて共産化した中国が戦勝連合国となった。今の国連安保理常任理事国の顔ぶれである。

核兵器の登場で第三次世界大戦は起きなかったが、自由主義圏と共産圏は、第二次世界大戦後直ちに袂を分かち、米国とソ連の二大超大国が世界覇権を巡って厳しく対峙した。冷戦の始まりである。ソ連、中国の共産圏が、米英仏の自由主義圏と対峙した。戦後復興を果たした日独（当時は西ドイツ）は自由圏に迎えられた。冷戦の途中で、ソ連と袂を分かった中国が西側に転がり込んできた。１９９1年、独裁の果てに生命力を失ったソ連が内側から崩壊した。逆に、西側に足を踏み入れた中国は、奇跡のような経済発展を実現し、今や経済規模でロシアの10倍を超える成功を収めた。

「敵の敵は味方」だった米国外交

20世紀、最大の国力を持った国は米国であった。人口こそインドネシアと同じ3億と少ないが、創意工夫に情熱をかけ科学技術を発展させる国柄と、雑多な移民をまとめ上げる自由と平等を核にした国民的アイデンティティと、未来を開く起業家に貪欲に資本を集めるダイナミック市場経済は、米国を超大国の地位に押し上げた。その軍事力は他を圧倒した。今でも80兆円の米国防費は、全世界の国防費の半分を占める。しかし北米大陸という巨大な島に籠った自由の帝国である米国は、世界人口の大半を占める巨大なユーラシア大陸に現れる強敵を抑える力を持たない。

大きな危機に見舞われるごとに、米国は、敵の敵と手を結んだ。米国は、ヒトラーをつぶすために残忍な独裁者だったスターリンと手を握った。ニクソン大統領は、強敵ソ連との対峙を有利にするために冷酷な独裁者である毛沢東と手を握った。「敵の敵は味方」「毒をもって毒を制す」というやり方は、理念の国アメリカらしからぬ没価値的な欧州権力政治の発想であった。

しかし、それらは戦略的要請であった。第二次世界大戦中の米ソ提携は、背に腹は代えられないという戦時の提携であった。第二次世界大戦の終盤、ナチスドイツのヒトラーと戦っていたのは米英豪加及びニュージーランドというアングロサクソン族と、ソ連のスターリンだけであった。

1970年代の米中国交正常化も、ベトナム戦争終結に焦った米国の起死回生の外交だった。米中国交正常化の立役者だったキッシンジャー安全保障問題担当大統領補佐官（後の国務長官）がドイツ系ユダヤ人移民一世で、欧州権力政治・外交史の専門家だったことも関係しているであろう。米国は20世紀最大の独裁者である毛沢東の中国と結んで、もう一方の全体主義国家であり、核超大国であったソ連と対峙した。米中ソの三角関係は安定し、米ソ間では「デタント」と呼ばれた緊張緩和が実現した。

21世紀に入り、中国の巨大化と西側との決別路線が明瞭になるにつれて、米中関係が音を立てて軋み始めた。70年代以降、世界の秩序を支えてきた「西側プラス中国」という梁が崩れ始めた。ちょうどその時、日本が打ち出したのが「自由で開かれたインド太平洋」構想だったのである。

西側のパートナーとしてインドの手を引く

「自由で開かれたインド太平洋」構想を、権力政治やパワーバランスの次元で見るとき、その眼目は、インドの戦略的位置付けである。

中国の体軀は巨大である。人口はもとより、経済的にも、軍事的にも、東アジアでは並ぶもののない大きさとなった。英国のシンクタンクによれば、あと10年で経済力が米国に並ぶと言われている。軍事力も、早晩、いいところまで米国に追いつくであろう。

アジアにはNATOのような地域安全保障機構はない。中国に対して一国で対峙できる国は、もはや米国しかいない。アジア正面に比して、欧州正面のNATOの総合国力、総合火力は巨大である。英仏独伊というG7の主力メンバーを抱えるNATO諸国を全て合わせれば、米国や中国と遜色のない経済力である。その軍事力は大きい。英国、フランスは核兵器国であり、海外領土も多く、戦力投射能力に優れる。ドイツ軍、トルコ軍はNATO陸軍の主力である。英仏独以外にも、地中海海軍を持つイタリア、大西洋海軍を持つスペイン、陸軍国であるポーランドと、人口が5000万を超える国を抱えている。

NATO軍は、主として大陸での陸上戦闘を念頭に置き、ソ連という単一の脅威に対して、米国人であるNATO最高指揮官の単一指揮下で団結している。冷戦が終わってから

「ＮＡＴＯとは、No Action, Talk Onlyの略」だと揶揄されるようになったが、「One for All, All for One（生きるも一緒、死ぬも一緒）」の精神は健在である。ＮＡＴＯ軍は、２００１年の９・11米国同時多発テロの後、共同防衛条項第５条を発動して、アルカイダ征伐のためにアフガン戦争になだれ込んだ。アフガン戦争は、２０２１年まで20年続いた。

これに比して、米国の太平洋条約網は脆弱である。米国の同盟国は、日本、韓国、豪州、フィリピン、タイだけである。脅威認識もバラバラである。米国と同じ戦略観を持つのは日本と豪州だけである。米太平洋同盟網は、ＮＡＴＯと比べれば、哀しいほど弱い。

米国がＮＡＴＯのような統一指揮権を持っているのは、有事の際の朝鮮半島だけであるが、韓国は、特に左翼政権になると米中間を右顧左眄《うこさべん》して腰が定まらない。フィリピンもスカボロ礁を奪われてようやく対中認識が厳しくなってきたが、同時に旧宗主国である米国に対する左派の強い反発がある。大陸国でタイは、もともと日本より中国に対する親近感のほうが強い。太平洋戦争では枢軸国として参戦しながら連合国へすり寄り、変わり身の早さを見せた外交上手である。そして、フィリピンとタイは軍事力が小さい。

頼みになるのは豪州であるが、豪州は南半球にある。米軍と統合された豪州軍は優秀であるが、豪州の人口は台湾とほぼ同じ２５００万であり、軍事力も大きいとは言えない。

最近、ＡＵＫＵＳ（米英豪）の枠組みが脚光を浴び、豪州が米国から原子力潜水艦を入手するという話が出てきた。豪州も中国の朝貢国家に対するような強圧的な態度が腹に据えかねたのであろう。

豪州も思い切った決断をした。豪州海軍の原子力潜水艦は、地域の戦略バランスを好転させる。豪州に原子力潜水艦の基地ができれば、横須賀や佐世保のように米海軍の原子力潜水艦も頻繁に寄港できるようになる。米国は、太平洋戦争の際、南半球の豪州を後背地として北半球へ攻め上ろうとした。だから日本海軍は珊瑚海海戦で米国に決戦を挑み、ダーウィン（オーストラリア北方の都市）は長期間爆撃されたのである。

中国との戦略的バランスを図るためには、将来超大国となる仲間が要る。それが今、離陸しつつあるインドである。中国の平均年齢は39歳であり、インドは29歳である。中国の少子高齢化が進む間にインドの人口が中国を抜く。今世紀中葉には、インドは超大国になる。非同盟を掲げるインドとの同盟関係の構築は難しいが、冷戦中、中国がソ連と対峙して西側と共に立つ戦略的パートナーであったように、西側のパートナーとしてインドの手を引くことは、日本外交のみならず西側外交が必ずやらねばならないことである。

二つの海の交わり

逆に、インドは私たちをどう見ていたのであろうか。実は、冷戦中、インドは、日米同盟を敵視していた。なぜなら、国境紛争を抱え、独立直後にインドを侵略し、宿敵であるパキスタンを遠交近攻策で引き寄せてきた中国に対し、インドは常に強い警戒感を持っていたからである。日中及び米中国交正常化の結果、インドは、「ワシントン、東京、北京、イスラマバード（パキスタン）、リヤド（サウジアラビア）」という悪夢の枢軸の誕生を見た。インドは非同盟を掲げているが、先進的な武器の取得のために、ソ連に近づかざるを得なかった。

インドはソ連と戦略的提携をしようと思ったわけではない。その証拠に、インド軍とソ連軍の本格的軍事演習がなされたことはない。最新の武器を入手するためには、背に腹は代えられなかったということである。

そのインドが、インド人民党のモディ首相誕生後、ゆっくりと西側に向かって舵を切り始めた。米中対立を好機到来と見たのである。安倍首相は第一次政権当時からインド外交に熱心だった。第一次安倍政権の折、安倍首相がインド国会で行った「二つの海の交わり」という演説は、インド洋と太平洋という大きな戦略枠組みを提示し、民主主義国家である日本とインドがリーダーとしてインド洋と太平洋を合わせた地域を引っ張っていかねばならないというメッセージを込めたものであった。

のちに総理の専属スピーチライターとなる谷口智彦（現慶應義塾大学大学院教授）が、この格調高いスピーチに込めた鋭い戦略的メッセージは、インド人の胸に突き刺さった。私もその場にいたが、インド国会の熱狂はすさまじかった。大きな拍手はやがて議事堂を揺らすほどの大きな足踏みに代わり、最後は熱狂した国会議員の多くが机をバンバンと叩き始めた。インドもまた、自由主義圏の雄として迎えられたかったのである。安倍総理のインド国会演説は、現在、日本のみならず米国のインド太平洋戦略の起点と位置付けられている。

大英帝国のくびきを外す

インドは、聖者ガンジーの生んだ国である。不当な植民地支配と人種差別に怒り、人間の真実を取り戻すと決意した聖者ガンジーは、「非暴力（アヒンサー）」を掲げて、「愛と真実（サティヤグラハ）の運動」を起こし、大英帝国のくびきを外した。１９４７年８月15日のことである。

人類の歴史は変わった。アジア、アフリカでは民族自決の波が澎湃と沸き起こり、多くの国が独立を果たした。非暴力の理想に共鳴した米国のキング牧師は、国家が認めた制度的人種差別を叩き壊した。自由、平等、法の支配という価値観を、肌の色や目の色と関係のない、真に普遍的なものに変えたのは、20世紀が生んだこの二人の聖人である。

21世紀になってようやく生まれつつある地球的規模の自由主義的国際秩序の柱は、西側諸国とインドである。西側諸国とインドの戦略的協力関係は、その大きな梁となる。ヒトラーをつぶすためのソ連との連携、ソ連と対峙するための毛沢東との連携は、没価値的で戦術的なものであった。西側とインドの連携は、普遍的価値観を共有する戦略的基軸と呼ぶに相応しい。

やっと米国の戦略眼が開いた

現在、太平洋において普遍的価値観を支える意思を示しているのは、日本と米国と豪州である。そこにインドが加わりつつある。

最も重要な国は、言うまでもなく米国である。トランプ大統領は、米国の対中政策を厳しいものに転換した。ポンペオ国務長官は、力をもって一方的な拡張主義に走り始めた中国について「対中関与政策は失敗だった」と宣言した。日本は、中国に経済力で抜かれてから中国の横暴な地域での振る舞いや、戦略的方向性の変化について警鐘を鳴らしてきたが、中国はウォール街やシリコンバレーに巨利をもたらしており、米国の反応は鈍かった。やっと米国の戦略眼が開いた。

しかし、西側諸国の団結を訴えたポンペオ国務長官とは裏腹に、トランプ大統領は強い個性と「アメリカ・ファースト」の内向きな政策で、日本を除く米国のほとんどの同盟国との信頼関係をずたずたに傷つけてしまった。特に、16年間ドイツ首相として4人の米国大統領と付き合ったメルケル首相は、民主党の左翼に立ち位置を取るイデオロギー色の強いオバマ大統領時代からすでに米国のリーダーシップに不信を持っていたが、トランプ大統領の出現で吹っ切れたようになってしまった。

ブリンケン国務長官が取り仕切るバイデン外交は、伝統的な同盟国重視外交に戻りつつあり、傷んだ米欧関係の修復に懸命である。米国を軸とした西側結束の成否は、これから台頭する中国と西側の関係を規定することになる。

「アメリカ・ファースト」の叫び

もう一つ問題がある。米国の厳しい国内分断である。私が21世紀の初めに米国大使館に勤務している頃、民主党支持者と共和党支持者がアイデンティティを含めて厳しく対立していることがよく報じられた。『ワシントン・タイムズ』紙は、そのうち東海岸と西海岸に青い民主党の国（ユナイテッド・ステイツ・オブ・リバティ）ができ、中西部を中心に赤い共和党の国（ジーザス・ランド）ができるなどと揶揄していた。

トランプ大統領時代には、進歩的な民主党対保守的な共和党という伝統的な対立軸を破るうねりが出てきた。大量のトランピアン（トランプ支持者）の登場である。製造業の海外流出と、新しい貧富の格差は、日本だけの問題ではない。老いた先進国共通の病理である。それは保守的な労働者層の不満のガスを膨らませた。ニュークリア・ゼロや中絶の権利といったリベラルな民主党のアジェンダに、彼らは共鳴しなかった。金持ち優先の共和党も、彼らの心をつかむことはなかった。そこに現れたのが天才的ポピュリストのトランプ大統領だった。

彼が火をつけたトランピアンの怒りは、瞬く間に全米に伝播した。貧しい白人労働者だけがトランピアンなのではない。トランプ支持者は中間層まで幅広く及ぶ。保守的なラテン系米国人層にも浸透している。

トランピアンは、典型的なアンチ・エリートで、自分たちのジョブと生活を守ることにしか関心がない。その意味では古い米国の孤立主義の伝統に近い。トランプ大統領の「アメリカ・ファースト」の叫びは全米に木霊《こだま》した。トランピアンの無秩序で暴力的な米議会議事堂乱入事件もあり、大統領選挙では民主党のバイデン大統領が勝利したが、トランプ大統領も7000万票以上の票を集めた。すでに共和党はトランプ党へと大きく変質しつつある。もはやトランピアンの支持がなければ選挙に勝てない共和党議員も多い。トランプ大統領はいなくなったが、トランピアンは健在であり、その政治的動向は常に注視していく必要がある。トランピアンの影響力が強くなればなるほど、米国は内向きになり、米国の国際的なコミットメントは減少するだろうからである。

安倍総理は、トランプ大統領との個人的な信頼関係を基礎に米国のアジア離れを防ぐことに成功した。それは奇跡に近かった。恐ろしく気難しい世界最高権力者に直接話をして説得できるのが、米国を含めて世界中で日本の安倍総理一人という前代未聞の状況になった。

トランプ大統領自身は、同盟関係を経済的な側面からしか見ることができず、同盟は米国の外交資産というよりは、単なるお荷物と考えがちだった。「同盟なんて、カネばっかりかかってしょうがない」ということである。米韓同盟でさえ、風前の灯火となった。ところが、安倍総理のお蔭で、米国がアジア戦略を策定する上で日本は不可欠のパートナーとなった。その安倍・トランプ時代は終わった。しかし、これからも米国をアジアにコミットさせ続けるために、日本外交の果たすべき責任は重い。

豪州――クアッドは拡大しなくてはならない

次に豪州である。日米同盟と米豪同盟は、地域安全保障のために機能し得る数少ない軍事同盟である。米国は西太平洋全体を見る力があるが、日本は北太平洋、それもフィリピン以北で米国に協力するのが精一杯である。中国、ロシアという核兵器国、軍事大国を間近にする日本には、それ以上の余裕がない。北朝鮮も核兵器を保有するに至った。南太平洋及び南シナ海の平和と安定は豪州軍に米軍と分担してもらわねばならない。

豪州は、独立以来、米国の全ての戦争に参加してきた直参旗本、一番槍のような国である。その軍事力は小兵であるが精強である。先に述べたように原子力潜水艦建造にも踏み切った。米軍と豪州軍の統合は、自衛隊よりも遥かに進んでいる。米英豪からなるAUKUSの枠組みは、徳川宗家と尾州、紀州の団結を思わせる。ファイブ・アイズの情報協力も日米間のインテリジェンス協力を凌駕する。

豪州は、日本にとって重要な天然資源の供給国である。かつて白豪主義を取っていたが、アジアの一員となると戦略的方向を定めてからは、アジア系の移民も多い。今や豪州は、その多様性をもって普遍的な価値観を身をもって体現していると誇らしげである。豪州は、天然資源の輸出先として中国への依存も高いが、中国が横柄な大国面をして小突き回してくるのを心底不愉快に思っている。アングロサクソン族の豪州は、アジアの朝貢国家のように、小突かれたからといって中国の前で平伏したりはしない。大英帝国から引き継いだ独立不羈《どくりつふき》の精神は健在である。

しかし、日米豪印だけでは総合国力が小さい。クアッドは、さらに拡大していかなくてはならない。

韓国──大国の自覚なき大国

第一の候補は、米韓同盟という強力な同盟関係で米国と結び付いている韓国である。韓国は人口5000万を数える。時価総額でトヨタを越えたサムスンなど世界的な大企業を抱え、その経済力はロシアやカナダと並んでいる。G10どころかG7に入ってもおかしくない体軀に育っている。韓国の軍事力は、総兵力60万を数え、自衛隊の2倍以上の大きさがある。

しかも韓国の国防費は5兆円に到達しつつあり、日本の防衛費を抜き去る勢いである。陸軍中心だった韓国は、大海軍創設に意欲を燃やしている。今や中国に次ぐアジア第二の武器輸出国である。面白いことに、日本とは真逆の国内政治力学が働いており、韓国では保守派よりも、対米自立を叫ぶ左翼勢力のほうが防衛力増強に熱心である。

日本にとって、朝鮮半島に民主主義を掲げ、繁栄する市場経済を謳歌し、強力な軍隊を持つ韓国が存在することは、死活的に重要な国益である。韓国が弱く混乱すれば、朝鮮半島自体が不安定化するし、大陸勢力の脅威が直接日本に肌で感じられるようになる。ましてやクビライと語らって日本を侵略した高麗王朝の忠烈王のような敵対的な指導者が出てくれば、日本の安全保障は一気に危殆に瀕する。

日本と韓国の関係強化は、米国にとっても死活的に重要である。もはや韓国は貧しい日本の弟ではない。立派に元服して、米国の太平洋同盟網を支える若武者なのである。米国にとって韓国抜きの北西太平洋の戦略構図はあり得ない。2021年春、バイデン大統領は、ワシントンを訪れた文在寅大統領に迫って、史上初めて台湾海峡の平和と安定という文言を米韓首脳声明に盛り込んだ。対北朝鮮一辺倒だった韓国に、日本と同様、地域全体の安全保障に関心を持ってほしいというシグナルである。

しかし、韓国にその覚悟があるようには見えない。韓国はクアッドや自由で開かれたインド太平洋構想に一枚嚙むつもりもないように見える。

韓国は、大国になってまだ間がない。自分の戦略的立ち位置が、地域の平和と安定にどれほど重要かということが分かっていない。いまだに多くの韓国人が「クジラの喧嘩で海老が死ぬ（コレサウメセウトチンダ）」という諺を口にする。日米韓で組めば、その兵力数だけで中国人民解放軍に匹敵するが、韓国は自分の重さがまだ分かっていない。大国には責任が伴うのだが、体だけが先に大きくなったような風情である。

韓国は、日本とは真逆の歴史をたどってきた。飛鳥王朝が袖にした新羅の武烈王（金春秋）が大唐帝国と結んで朝鮮統一を果たして以来、朝鮮の王朝は全て中国皇帝から朝鮮王に冊封され、紫禁城の高官となり、朝貢関係を維持してきた。中国の敷いた華夷秩序の中で、朝鮮王は、常に父たる中国に最も忠実な長女のような存在だったのである。

歴代朝鮮王朝は、その地理的近接性の故に、大きな軍事力を持つことが憚られた。中国の北にモンゴル族や女真族のような強大な勢力が出てくるたびに、朝鮮王は難しい外交の舵取りを迫られた。滅びゆく中原の王朝に肩入れしすぎれば、万里の長城を乗り越えて新しい中国王朝を建てようとする騎馬民族から睨まれる。

イ・ビョンホン主演の韓国映画『天命の城』では、明に忠義を尽くした李朝の朝鮮王仁祖が清の太宗ホンタイジに蹂躙され、屈服し、悲劇の三田渡（サムチョンド）の河原で三跪九叩頭拝（3度跪き、その度に3度額を地面につけて土下座する礼）を強制されるシーンが出てくる。朝鮮民族の恨《ハン》と屈従の歴史を見事なまでに描いて見せた傑作である。

ホンタイジは、その場に大清帝国功徳碑を建てた。清との和議は定期的な人質の供出を義務とし、城壁の修復を許さないという屈辱的な内容である。韓国では恥辱碑と呼ばれる。かといって北方騎馬民族と仲良くしようとすれば、宗家の中国王朝から疎まれる。

中国と地続きの韓国が大陸の大勢力に対して持つ恐怖心は、孤高の海上王国であった日本人には分からない。大きな軍事力を擁することを許されない歴代朝鮮王朝は外交に秀でる。二股をかけて生き残りを図る。忠義一筋の武士の国である日本人には理解することが難しいが、関ヶ原の直前に徳川と豊臣に二股をかけた戦国時代の前田家や真田家のようなものであると思えばわかりやすい。

北朝鮮が主体思想を掲げて中ソの対立から身を守ったのも、また、ソ連崩壊後、中国の勢力圏に併呑されるのを恐れて懸命に米国を挑発して気を引こうとするのも、そのＤＮＡがなせる業であろう。それは北朝鮮だけではない。韓国も同じである。そうして民族の自尊心と朝鮮文明の自律性を守ってきた人々なのである。日本の戦国武将のように、関ヶ原の東軍か、西軍か、所属する陣営をはっきりさせて自らの立場を築こうという発想には、なかなかならないのである。

まるで日本社会党の生まれ変わり

また、韓国の国内政治もある。日本では、冷戦終結後30年経って、国内冷戦による日本社会分断の傷跡がようやく癒え始め、安全保障政策についても現実主義的な戦略思考が主流になりつつあるが、北朝鮮が厳然として存続し、２００キロのＤＭＺ（軍事境界線）沿いに大軍を配している韓国の国内政治は、厳しい国内冷戦のままである。

左派与党の「共に民主党」の支持母体は、戦闘的な官公労である民主労総とかつての学生運動家たちであり、冷戦が終わった今でも、マルクス・レーニン主義に淵源を持つ北朝鮮のイデオロギーに親近感が強い。反米帝国主義、反日帝国主義のイデオロギーに彩られた韓国左派は、まるで70年代の日本社会党の生まれ変わりのように見える。

韓国左派は、韓国保守派を親日派として攻撃する。韓国国内政治という舞台での日本の役回りは、かつての暴虐な支配者でなくてはならない。執拗な歴史問題が次から次へと繰り返されるのも、反日というよりは韓国国内政治の延長である。

韓国の左派にとって、敵は日本だけではない。米国大使館の前には、米国帝国主義反対、在韓米軍撤収のプラカードを持った活動家が押しかけており、在韓の米国外交官も実のところうんざりしている。反米闘争、安保闘争時代の日本とそっくりである。しかし、80年代の民主化闘争の立役者であった韓国左派の平均年齢は若い。まだ40代、50代である。日本の左派とは四半世紀の世代のずれがある。

私のような高度成長時代に生を享《う》けた日本のノンポリ、個人主義、現実主義に相当する世代は、韓国ではまだ20代、30代である。彼らは北朝鮮の独裁体制に何らの共感もない。米韓同盟を支持している人も多い。日本に対しても劣等感もなければ、暗い恨《ハン》の感情もない。彼らの世代が韓国社会の上層に出てくれれば韓国も変わるであろう。韓国の戦略的成熟にはまだ時間がかかる。

「一つの戦域」となった日米韓

韓国には、自分たちが、日米同盟に戦略的にただ乗りしているという意識がない。そもそも日米同盟がその第6条により、在日米軍基地を拠点として韓国、台湾、フィリピンを守る構造になっていることを知らない。50年代の朝鮮戦争も、日本の後方支援がなければ、いかに米軍といえども毛沢東の人海戦術の前に敗北していたかもしれない。そうなれば朝鮮半島全体が共産化していたかもしれないということが分からない。

日本は日米同盟の負担対等化のために、90年代の小渕政権で周辺事態での米軍後方支援を可能とし、第二次安倍政権では集団的自衛権の行使を可能とした。その最も大きな裨益者が韓国であるということに頭が回らない。朝鮮半島有事が抑止できているのは、米韓同盟の故だけではない。日米同盟があるからである。もはや北朝鮮は日本を射程に入れた核兵器を開発し終えている。日米韓は、「一つの戦域」となった。一枚の地図の上で日米韓が共通の戦略を立てねばならない。しかし、今の韓国にはそのような戦略的成熟が見えない。

本来であれば、大国となった韓国は、北東アジア全体の安全保障に責任を持ち、韓国を後ろから支える日本の防衛にも対等な責任を持つべき時期に来ているはずである。台湾有事には、日本が直ちに巻き込まれるかもしれない。その時、韓国は台湾を軍事支援するだろうか。日本を軍事支援するだろうか。在韓米軍に基地使用を許すだろうか。韓国軍は自衛隊に後方支援をするだろうか。日本を守るために集団的自衛権を行使するだろうか。残念ながら、現在の韓国人は、そのようなことは夢想だにしたことがないであろう。

今日の韓国は大国である。日本は、大人になった韓国に、共に米国の戦略的パートナーとして公平な防衛負担を求める時期に来ている。

自由主義的国際秩序のもう一つの柱——英仏独等の欧州諸国

クアッド拡大を考えるとき、欧州諸国との連携が不可欠である。中国は、日米豪の経済力を抜く日が来るかもしれないが、世界GDPの半分を占める日米豪印と欧州を合わせた経済規模を凌駕する日は来ない。

中国は、その前にピークアウトする。中国の人口は減少期に入った。やがてそれは労働市場に跳ね返る。一人っ子政策の見直しが進むが、都市部に人口が集中し、共働きの夫婦が自分たちの生活と教育費の負担を考えれば、そんなに簡単に農村が主体だった頃の中国の人口動態が戻ってくるはずがない。西側が団結していれば、中国の関与は可能である。欧州はまとまればいまだに経済的には米国と並ぶ巨軀である。欧州は、西側結束のためのかけがえのない巨大な一翼なのである。

欧州諸国は、中国の戦略的方向性が変わり始めたことに気付くのが遅かった。欧州人にとって脅威とは隣接するロシアただ一つであった。東欧の共産圏が崩れ、ロシアの屈辱感と怒りを尻目に次々とNATO加盟を果たしたバルト三国や東欧諸国は、ロシアの脅威に対して人一倍敏感である。また、欧州の先進工業国は、90年代から目を見張る成長を遂げた中国に幻惑された。危機の近づく台湾問題もピンとこない。優秀で真面目で廉価な中国農民工は、欧州人にとっては大きな魅力だった。ドイツは中国市場にのめり込んだ。普遍的価値観を共有する欧州諸国であるが、経済的魅力には勝てなかった。

そもそも、どこの国でも統一的で体系的な中国政策という代物はない。安全保障上の利益と、経済的利益と、譲れない価値観とをバランス良く組み合わせて対中政策が決まる。その組み合わせと各々の要素の比重は、国によってまちまちであり、政権によってまちまちである。中国から遠い欧州諸国にとって、中国といえば市場であり、経済的利益であると考えるのも無理はなかった。中国も、地球の裏側の欧州諸国を朝貢国にしようとは思わない。アジア諸国や豪州のように、中国に屈服しなければ市場参入や経済的相互依存を逆手にとって締め上げるという荒業は使わない。

中国の欧州連合分断工作に強い不快感

その欧州諸国が大きく方向性を転換しようとしている。香港の自由抹殺がかつての宗主国である英国を始めとして欧州人に与えた衝撃は大きい。20世紀末に結ばれた中英香港返還協定に従って、今世紀中葉には、熟柿が落ちるように香港は中国の手に落ちるはずだった。

しかし、習近平は、突如、国家安全維持法を香港に施行し、思想犯取り締まりのプロである公安警察が大挙して香港になだれ込んだ。香港の自由は圧殺され、自由を求める活動家は拘束され、自由の息吹を感じさせた『アップル・デイリー』は廃刊に追い込まれ、昭和前期の治安維持法下の日本のような暗い社会になってしまった。香港返還時に、半世紀の一国二制度を約束させた英国のメンツは丸つぶれである。台湾問題には鈍感な欧州人も、香港の自由圧殺には敏感に反応した。誰もが習近平指導下の中国の変質を疑わなくなった。

ウイグル族の弾圧も、連日、西側各国で紙面を賑わすようになってきた。中国共産党が進めてきた新疆ウイグル地区での綿花栽培も、西側諸国では強制労働の結果であるとして、中国綿を排斥する動きが出てきた。北京オリンピック・ボイコットの声まで聞こえる。二度の世界大戦の主戦場となり、共産主義、ナチズム、ファシズムの全体主義に翻弄され、人種差別を撤廃し、植民地支配と決別し、人権尊重を理念に掲げて法の支配に基づく（rule based）欧州共同体を育ててきた欧州人は、人権問題には敏感である。

特に、ソ連共産主義のくびきの下に半世紀以上置かれていたチェコやリトアニアにおいて、アンチ独裁国家、即ち、反中の傾向が強い。チェコや、リトアニアは、小国ながら驚くほど大胆に中国を批判している。

中国も、欧州人の神経を不用意に逆なでした。２０１２年には「16（ＥＵ加盟国として、エストニア、ラトビア、リトアニア、ポーランド、チェコ、スロヴァキア、ハンガリー、スロヴェニア、クロアチア、ルーマニア、ブルガリアの11カ国。非ＥＵ加盟国としてボスニア、セルビア、モンテネグロ、アルバニア、北マケドニアの5カ国が参加）＋１（中国）」の枠組みを立ち上げた。

一帯一路構想を掲げる中国が、経済発展、特にインフラ建設を売り込んで影響力を伸ばそうと考え、東欧諸国を一まとめにして中国との会合枠組みをセットしたのである。戦後、苦労して欧州共同体をまとめ上げ、東欧共産圏の崩壊後、新規加入した東欧諸国の民主化、経済発展の面倒を小まめに見てきたブリュッセルの欧州委員会は、この中国の欧州連合分断工作に強い不快感を隠さなかった。

日英同盟の再来

ブレグジットを実現した英国は、グローバル・ブリテンを掲げて、インド太平洋に関心を深めている。2021年初夏、コーンウォール・サミットの前に、バイデン米大統領とジョンソン英首相は「新大西洋憲章」を発表した。自由主義圏の老舗である米英両国で、自由主義的な国際秩序を守りたいという決意の表れであった。同年秋にはクィーン・エリザベスを中核とする英空母機動部隊が日本を訪問した。

この英国艦隊には、カナダ海軍やオランダ海軍の艦船も同行していた。ヒトラーを叩きつぶした譜代大名の集まりともいうべきAUKUS（米英豪）の同盟関係も再強化された。英国はCPTPPへの参加にも意欲を示している。安倍総理と肝胆相照《かんたんあいて》らす仲となったメイ前英国首相は、日英関係の増進を喜び、日英同盟の再来のようだとさえ述べていた。

フランスは、ゴーリズム（ド・ゴール主義）、多極主義を掲げ、英国の親米路線とは常に一線を画してきた国柄である。多極世界におけるアジアの一極である中国に対するフランスの視線は、冷戦初期から常に温かかった。米国の一極支配を嫌うフランスにとって、中国は戦略的パートナーであった。

しかし、フランス革命の原理主義は今も健在である。香港、ウイグルの人権弾圧や中国の海洋拡張主義はフランスを目覚めさせた。ニューカレドニア、仏領ポリネシアを始めとして、アジア太平洋地域に領土と広大な海洋権益を持ち、小さいながらも太平洋に艦隊を常時維持しているフランスである。フランスも、日米との連携を深めて、自由主義的国際秩序を守ろうとする方向に向かいつつある。

ようやく方向転換したドイツ

ドイツは、残念ながら、敗戦国として、長い間、NATOの枠組みの中でしか安全保障を考えられなくなっていた。ドイツ軍は単独で動くことが憲法上ほとんど不可能である。逆に、米国人の最高司令官が指揮するNATOの一員としては自由に動ける。日本と逆で、事実上、集団的自衛権しか行使できない国なのである。ドイツにとって、戦略的視野の東限は、9・11米国同時多発テロの後、NATO軍の一員として参戦したアフガニスタンまでであった。

中国は、ドイツにとってエルドラド（黄金郷）以外の何物でもなかった。経済のプリズムを通してしか中国が見えなかったのである。16年にわたりドイツ政界に君臨したメルケル首相は、毎年、参勤交代のようにして北京に詣でていたが、日本にはあまり立ち寄らなかった。日本との関係は希薄で、混乱が続いた民主党政権時代は言うに及ばず、戦後最長の安倍政権が立ち上がってからも、中国第一主義は変わらなかった。
そのドイツが、香港の弾圧に直面して大きく方向を転換しつつある。東独出身のメルケル首相は、ロシアの人権弾圧には厳しい態度を示すが、ロシアの人権侵害を遥かに凌駕するウイグル人の集団迫害など、中国の人権問題には舌鋒が鈍かった。そのドイツが、ようやく習近平の中国はロシア以上の独裁国家だということが分かってきたように見える。ドイツもまた、インド太平洋地域の自由主義的国際秩序の創生に責任があるという立場に変わってきた。日本にとって経済的に欧州の盟主となったドイツの理解を得ることは非常に重要である。

英独仏の次の欧州の大国は、イタリア、スペイン、ポーランドであるが、これらの国々はまだ対中警戒感がそれほど強いわけではない。今の時点ではまだ対中政策に関して、決して欧州諸国全体の頭が揃っているわけではない。

中国は大国から押さえていく日本外交とは異なり、小国を押さえて、その地域のコンセンサスをブロックする外交を得意とする。欧州共同体の中で目を付けられているのはハンガリーである。匈奴の子孫と言われ（ハンガリーのハンは、フン族〈匈奴〉の名前に由来すると言われる。実際、ゲルマン民族大移動を引き起こしたフン族は匈奴と同民族とも言われ、フン族の英雄アッチラという名前を持った人もいまだに多い。文法も日本語と語順が同じである）、スラブ系の国々に囲まれて孤立感の深いハンガリーは、独自の強硬な保守路線を取り、欧州共同体の中で孤立している。ハンガリーは、今、中国に最も近い国であろう。また、ギリシャは、世界最大の商船隊を持つ欧州海運の玄関であり、一帯一路構想を掲げる中国の影響力が及んでいる。

日本としては、欧州諸国に対して、これまで以上にアジアの自由主義的国際秩序創生に助力してほしいと訴え続ける必要がある。日本の対欧外交の力量が問われる。

ASEAN諸国——対中警戒感の強い国、弱い国

西側諸国と中国の勢力圏競争の焦点はASEAN諸国の集まる東南アジアである。東南アジアの国々は、20世紀後半に独立を果たして以来、自由主義圏に残ったインドネシア、フィリピン、マレーシア、シンガポールといった海浜系の国々と、共産化したインドシナ半島の大陸系の国々で大きく運命が分かれた。海浜系のインドネシア、フィリピン、マレーシアは経済発展の軌道に乗るのが早かった。インドシナ半島で唯一独立を守り抜き、戦後米国の同盟国となったタイも、早期に経済発展の軌道に乗った。

インドシナ半島は、冷戦に翻弄され、ベトナム戦争、カンボジアのジェノサイドなどによって発展の機会を大きく逃した。共産化したこれらの大陸の国々は周回遅れでようやく

発展の軌道に乗りつつある。ベトナムは、ベトナム戦争で疲弊し共産化したが、その後、ドイモイ政策を掲げて市場経済を導入し、経済発展の軌道に乗った。ポル・ポトのジェノサイドで破壊されたカンボジアもようやく発展の軌道に乗りつつある。なお独立以来、軍部の強い影響下にあったミャンマーは、民主化へのロードマップを敷いて西側の投資を呼び込み、発展しかかったところで再び軍部のクーデターで発展の道を閉じてしまった。

米国は、ベトナム撤収後、東南アジアに強い関心を失った。欧州、北東アジア、中東が米国にとって死活的利益と考えられたが、東南アジアが米国のレーダーに上がってくることはあまりなかった。中国の急激な台頭が、再び、米国の関心を東南アジアに引き付け始めている。

東南アジアの国々は、ベトナム戦争に巻き込まれたカンボジアが破壊されるところを目の当たりにしており、大国間の争いに巻き込まれたくないという中立志向が強い。それがASEANの求心力を成している。シマウマのようにまとまって猛獣のような大国の介入を跳ね返そうという本能が働いているのである。

ASEAN諸国は、自由主義的国際秩序の典型ともいうべき良質の多国間外交を発展させてきた。大国も小国も問わず話し合いでルールを作ってきた。それは素晴らしいことである。ASEANの多国間外交の伝統は、アジアの自由主義的な国際秩序創生にとって王冠の宝玉ともいうべき「東アジア首脳会議」に結実した。彼らがイニシアチブを取って進めてきた東アジアサミットは、現在、インドネシア、マレーシア、フィリピン、シンガポール、タイ、ブルネイ、ベトナム、ラオス、ミャンマー、カンボジアといったASEAN10カ国に加えて、日本、中国、韓国、豪州、ニュージーランド、インド、米国、ロシアといった周辺の大国を全て含んだ貴重な対話の場を提供している。

ただし、ASEANは、決して一枚岩ではない。その対中脅威認識は、国によって大きく異なる。人口5000万を超えるASEANの大国は、インドネシア、フィリピン、ベトナム、タイ、ミャンマーである。このうち、対中警戒感の強い国は、インドネシア、フィリピン、ベトナムである。

米国へ再接近の動きも

東南アジアの国々の中で最大の国は、人口3億を抱えるインドネシアである。「パンチャシラ（信仰、人道、統一、民主、公正）」の建国5原則の下で数多くの民族を「インドネシア人」というアイデンティティで統合することに成功した「想像の共和国」である。

日本に対する親近感も強い。インドネシア独立軍を組織したのは日本軍であった。戦後、2000名の日本軍人が祖国日本へ戻ることを拒み、インドネシア独立軍に参加し、インドネシアの土となった。独立後、インドネシアは、スハルト大統領の下で経済を軌道に乗せ、ユドヨノ大統領の下で誇り高く民主主義国家として発展した。ただし、今のジョコ・ウィドド大統領は地域のリーダーになるよりも経済発展に関心があるように見える。

インドネシアは、独立後、中国共産党による共産主義浸透工作に対して強い警戒感を持っていた。最近では、中国の南シナ海の「九段線」による囲い込みの結果、ナツナ諸島周辺で中国海警の巡視船にインドネシア漁民が漁労を妨害され、中国に対する警戒感が再び強まっている。

フィリピンは、米国の同盟国であり、バシー海峡や台湾海峡の南側を扼する戦略的要衝である。日本にとってバシー海峡は、対豪、対湾岸、対欧州の三本のシーレーンが重なり通る頸動脈のような海峡である。対中警戒感も上がっている。ただし、フィリピンと旧宗主国である米国の関係は微妙である。非常に厳しい麻薬取締対策を取るデュテルテ大統領は、オバマ大統領時代に、過剰な取り締まりに対する人権侵害を公に批判され、急激に米国との関係が悪化した。その一方で、冷戦後、駐留米軍がフィリピンから撤収して以来、中国の南シナ海進出が次第に露骨となってきており、特に、今世紀に入ってスカボロ礁の実効支配を奪われたため、ローテーションによる米軍の再来など、米国への再接近の動きも見られる。

インドネシアも、フィリピンも、日本と同様、中国の朝貢国となったことがない独立不羈の島国である。この点は、かつて多くの国が朝貢国であった大陸の国々が、大国となった中国の優位を無意識のうちに認めがちなのと対照的である。

ベトナムはベトナム戦争終了時に突如、鄧小平の中国に背後から刺し貫かれた。その恨みは深い。ベトナムは歴史的にも対中警戒感が非常に厳しい。漢の武帝に征服された後、南漢の時代（938年）に独立を果たし、それ以降、絶えず中国の征服を跳ね返してきたというのがベトナム人の誇りである。ハノイ中心にあるホアンキエム（還剣）湖は、かつてベトナムが中国と独立のために戦ったとき、湖の神が亀の姿をして勝利の剣を与えてくれたと信じられている。

ベトナムは、ラオスやカンボジアに対する影響力を常に中国と競い合っている。また、ベトナムはベトナム戦争終結時、米国の影響力の激減を見透かした中国に西沙諸島を奪われた結果、中越のEEZ（排他的経済水域）中間線が大きくベトナム側に寄ることになり、ベトナム漁民が毎年大量に拿捕されていることを憤っている。さらに、中国の南シナ海の「九段線」による囲い込みで、ヴァンガード礁付近での石油開発を中国の公船に妨害されるようになった。ベトナムの対中警戒感は深まるばかりである。

これに対して、タイは米国の同盟国であり、日本を始めとする西側の大量の投資を受け入れながら、実は、伝統的に中国に親近感が強い。ラオスはベトナムの影響力が強く及んでいるが、中国と国境を接する山岳の小国であり、中国の影響力も同様に大きい。

カンボジアは、ベトナム戦争に巻き込まれ、ポル・ポトによるジェノサイドで経済発展が遅れたため、西側の資金が流れ込むのが遅れた。中国による直接投資や経済援助が群を抜いており、中国の影響力が強くならざるを得ない状況にある。ブルネイは、日本が石油資源開発に巨額の投資を行ってきたが、中国の「九段線」設定によって自らの海底油田を囲い込まれ、石油掘削のために中国に配慮せざるを得なくなっている。

シンガポールはマラッカ海峡を押さえ、チャンギ空港を有し、戦略的に非常に重要な位置にあり、米国との関係が深い。シンガポール人は戦略的思考に優れる。米国に軸足を置きながら、同時に中国への配慮を欠かさない。特に、トランプ大統領の露骨な小国軽視外交の後、シンガポールは、これまでのように米国が頼りになることはないと見切った風がある。なお、シンガポール軍の演習は国土が狭いために台湾で行われている。

マレーシアは、中国に親近感があり、特にナジブ元首相時代は中国に近かったが、ナジブ首相が去ってからは、マハティール首相が中国の進出を新植民地主義と批判するなど、対中警戒感が出てきた。ミャンマーは、民主化が進んでいた時期には、米国を始めとする西側の投資が大量に注入されたが、昨今の暴虐な軍事クーデターの結果、再び西側との距離が開いた。中国の影響力の浸透が懸念される。

「帰ってこないかと思っていましたよ」

ＡＳＥＡＮ諸国に対して、アジアにおける自由主義的な国際秩序創生を訴えるのは日本の責任である。ＡＳＥＡＮ諸国は、日本と大きく違う道を歩んできた。植民地に貶められ、人種差別され、プランテーション農場や鉱山において鞭で打たれて牛馬のように働かされた人々である。当時の宗主国は全て民主主義国家であったために、独立後、西側の民主主義には心を惹《ひ》かれなかった。

彼らは第二次世界大戦後、米国によって早期に独立を認められたフィリピンを除き、再び植民地征服のために戻ってきた英仏蘭の欧州勢を自力で跳ね返して独立を果たした。彼らに西側の宗主国の民主主義を信じろと言われても難しかった。ＡＳＥＡＮ諸国の指導者の多くが手っ取り早い富国強兵を求めて独裁に走った。その彼らが経済発展を遂げ、80年代後半から徐々に民主化に舵を切り始めた。フィリピンがその嚆矢となった。

ＡＳＥＡＮ諸国の総人口は中国の約半分である。ＡＳＥＡＮ諸国が、アジアの自由主義的国際秩序創生の主人公として参画してくれるかどうかは、西側がＡＳＥＡＮとの信頼関係、協力関係を長期にわたり維持できるかどうかにかかっている。日米を始めとする西側諸国は、恒常的な関心をＡＳＥＡＮ諸国に払わず、ＡＳＥＡＮ諸国からは、必要なときだけ訪ねてきて友達面する大国だと思われていた。実際、第二次安倍政権の折、安倍総理がインドネシアを始めとするＡＳＥＡＮ諸国を初訪問先に選んだとき、ＡＳＥＡＮ諸国から聞こえた声は、「おかえりなさい。（日本は中国へ行ってしまったから）もう帰ってこないかと思っていましたよ」というものだった。

米国や欧州諸国の東南アジア、南シナ海に対するコミットメントを維持していく上で、同じアジアにある日本のリーダーシップが果たす役割は大きい。

東西の価値観の同根を証明できるのはアジアで日本だけ

また、彼らはこれから、かつての日本がそうであったように伝統的な価値観と欧米の自由主義的な価値観の相克に悩むであろう。彼らに普遍的な価値観とは決して白人のキリスト教国の専売特許ではなく、儒教や仏教やイスラム教の浸透したアジアに古くからある「民こそが国の本であり、王は民を慈しまねばならない」という考え方と同根であること、また、西洋人が最も大切にする良心や神の愛も、アジア人が長い間大切にしてきた温かい心と何ら違わないことを身をもって証明できるのは、アジアで唯一１３０年の議会政治の伝統を持つ最古の民主主義国家、日本だけなのである。

ロシア——安倍外交は21世紀のビスマルク外交？

ロシアは、中国との戦略的協力関係を重視せざるを得ない立場にある。武力によるクリミア併合を行ったロシアは、米国の主導する経済制裁下にあり、資金と技術と市場を西側以外に求めざるを得ない。否が応でも中国に接近せざるを得ない。また、自由で開かれたインド太平洋戦略の結果、インドがゆっくりとロシアから日米同盟側のほうに体重を傾けつつある。それはロシアにとって巨大な武器市場を徐々に奪われることを意味する。ロシアにとって、中国はインドに代わる武器市場の顧客としても重要な地位を占めつつある。

さらに、中国がロシア市場を席巻しつつあることは、伝統的にロシア市場を押さえてきたドイツの競争心を煽り、反射的にドイツをロシア側に引き込むことを容易にしている。ウクライナからクリミア半島を奪ったロシアへの経済的権益供与は、米国、特に米議会が強く反対してきたが、バイデン政権は、トランプ時代に極度に悪化した米独関係修復のために、ドイツの要望を入れてロシアとドイツを結ぶ天然ガスの海底パイプライン、ノルドストリーム2を了承した。

日本にとって、ロシアは重要な隣国である。中国がこれほど巨大化する中で、中露双方と同時に敵対的な関係を持つことは許されない。それでは満洲国を建国し、結局、ロシアと中国の双方と敵対して押しつぶされた帝国陸軍と同じ過ちを犯すことになる。日本は、米国の同盟国の中で、唯一、中露両国と国境を接し、正面から向き合っている国である。

米国は、もはやロシアを真剣な脅威と思っておらず、日本の置かれた戦略環境を過小評価する傾向がある。しかし、中国は対外的な拡張主義を取り、尖閣における恒常的な主権侵犯を繰り返し、台湾有事の暗雲さえ垂れ込めている。敵の敵は味方であり、ロシアは極東では中国のジュニアパートナーのように振舞っている。ここでロシアを中国に追いやれば、ロシアが中国と結んで有事の際の陽動作戦に出かねない。中露の共同軍事演習も頻度を上げている。中露の戦略的連携は日本には負担である。中国の台頭に鑑みれば、ロシア正面での問題を少なくしようと考えることは外交の常道である。

ロシアは、端倪《たんげい》すべからざる軍事大国であり核大国であるが、いまだに石油、天然ガスといった化石燃料の輸出によって国家財政を支えている産油国でもある。サイバー攻撃能力が高い割には、ハードウェアの電子産業の育成に後れを取っており、すでに中国の10分の1の経済力である。あと10年もすれば中国の20分の1のサイズになるであろう。誇り高いロシアは、チンギス・ハーンの孫のバトゥに征服された後、キプチャック・ハン国に200年以上臣従し、大モンゴル帝国の帝都カラコルムに朝貢した。ロシアは、あの屈辱を忘れていない。北方アジアの騎馬民族の伝統を受け継ぐロシアは、武門の誉れを重んじる。ロシアが中国に屈服して朝貢国になることはあり得ない。

ロシアは、実は、第二次安倍政権の初期、日本との「2＋2」会合など、対日安全保障関係の改善に熱心であった。ロシアも巨大化する中国に対する保険がほしいのである。しかし、ロシアには日本が米国との同盟国であることがどうしても引っかかる。日本にとって中国に対する保険がロシアなら、ロシアにとって米国に対する保険が中国なのである。この戦略観のずれは今のところ埋めようがない。しかし、将来、ロシアが中国の重圧に耐え切れなくなれば、西側との戦略的関係の見直しもあり得ないことではない。

日本は、ロシアと領土問題を抱える。日本の主張には理が通っており、最後の合意の瞬間まで、日本が立場を変える必要はない。しかし、冷戦中のように、領土問題が対露関係の全ての側面を人質に取るような外交は戦略的に誤りである。領土問題の立場を堅持しつつ、ロシアとの関係を戦略的に改善していくべきである。第二次安倍政権の対露外交は、日本の対露外交を戦略的視点から再評価した外交だった。

こうして米国、インド、豪州、欧州、ＡＳＥＡＮ、ロシアを押さえて、初めて中国と対等に話をすることができる。中国と対等にならなければ、利益の調整も、紛争の解決もできない。サシで向かい合えば巨大な中国に振り回され、無理難題を押し付けられるだけである。「米国に毅然と向かい合い、時々嚙み付けば、中国が認めてくれる」というのはナショナリズムに溺れた児戯に等しい幻想である。米国と切れた日本は一層中国に翻弄されるであろう。まずは自分の同盟や戦略的連携を固め、中国と対等な関係に立った上で、相互に有益な協力は進めればよい。それが戦略的互恵関係である。

そうして初めて、日本外交は中国を含めて周辺諸国全てとの火種を消すことができる。それは決して戦略観のない全方位外交とか、米中二等辺三角形戦略という浅はかなものではない。国際社会の力関係を自分に有利に組み上げることによって、全ての国との紛争を回避し、協力関係を実現するということである。それが戦略的外交の求める安定である。

かつて伊藤博文も、好敵手だった李鴻章も、同様に周囲360度の外交関係を好転させ、可能な限り紛争を回避する外交を模索し、東洋のビスマルクと呼ばれた。

鉄血宰相ビスマルクは、戦争を辞さなかったが、求めたものは全方位で紛争を回避するための戦略的安定であった。日米同盟を基軸とし、豪州とインドを取り込み、価値観を同じくする欧州に翼を伸ばし、近隣のASEAN諸国を両腕に抱き、領土問題を抱えるロシアとの関係改善にも腐心して、対等な立場から中国と戦略的互恵関係を実現しようとした安倍外交もまた、いつの日か、21世紀のビスマルク外交と呼ばれるのかもしれない。

第4章 台湾・尖閣有事と日本の危機管理

台湾有事のリアル

台湾有事が絵空事ではなくなってきた。この10年のことである。1950年代後半、大陸に直近の台湾領である金門・馬祖列島を巡り人民解放軍が猛砲撃を加えたとき、また、1990年代中葉、李登輝が実現した初の民主的な総統直接選挙に反発した人民解放軍が、ミサイルを台湾沖に撃ち込んで恫喝したとき、圧倒的な米軍の力の前に、中国軍ははらわたを煮えくり返らせながら、おずおずと引き下がった。

あれから四半世紀が経つ。状況は激変した。2010年に中国の経済力が日本を抜き、2030年までには米国さえ抜くと言われている。中国の軍事費はすでに25兆円と、日本の5倍に迫り、G7から米国を抜いた全ての国の防衛費を上回るレベルである。北京から「もう昔の中国と思うなよ」というくぐもった声が聞こえてくる。中国軍は、1930年代の帝国日本陸海軍のように、域内では並ぶもののない巨大な軍事力に成長した。

現在の中国の戦略環境は恵まれている。中国文明が3000年の命脈を保ったのは、黄河、揚子江という大河の恩恵を受けたからだけではない。北にシベリア、西にゴビ砂漠、南にヒマラヤ山脈と、天然の要害に囲まれた孤立した大文明だったからである。侵入者は、騎馬の操作に慣れ、馬上の弓術に優れた北方の騎馬民族だけであった。だから秦の始皇帝が万里の長城を築いたのである。今日の中華人民共和国は、その騎馬民族の女真族が建てた大清帝国を基盤とする。

大清帝国を引き継いだ中国共産党は、すでに内モンゴル、ウイグル、チベットなどの一億人に及ぶ周辺異民族を強権的に支配下に置いている。近代に入り北方騎馬民族に代わって北方に登場したロシアは凋落期に入り、今や北東アジアでは中国のジュニアパートナーといった有様である。今世紀初頭には、中露の国境画定も終わっている。

今の中国は、戦略的資源を集中的に東方の海上に投射することができる。その焦点は台湾である。その主敵は日米同盟である。

中国にとっての台湾――戦略性と正統性

中国にとって台湾とは戦略的に重要な島である。中国大陸は、朝鮮半島、九州島、西南諸島、台湾島、ルソン島、ミンダナオ島によって太平洋への進出を封じられている。中国が第一列島線と呼ぶこの島々のうち、最大の宝玉と言うべきは台湾島である。

日本にとっても台湾は死活的に重要な島である。中国が台湾島を押さえて要塞化すれば、直近の先島諸島の安全はもとより、沖縄も直接の脅威に直面する。鹿児島を始めとして九州さえ危なくなる。台湾島南方のバシー海峡は、日本と欧州、湾岸地域、豪州を結ぶシーレーンが結束する戦略的要衝である。経済的にも軍事的にも日本の大動脈である。頸動脈と言ってよい。そのバシー海峡も中国軍の統制下に入る。

逆に言えば、中国にとって台湾は、太洋への進出を確保し日米同盟の喉元に匕首《あいくち》を突き付けることのできる絶好の戦略的位置にあるのである。

同時に、中国にとって、台湾征服は中国共産党の正統性維持のために欠かせない。現在の中国の政治経済体制の行き詰まりはひどい。今の中国を見れば、マルクスやエンゲルスは「こんな社会は共産社会ではない」と泣いて悲しむであろう。どこの国でも、どのような組織でも、理想を失った権力が陥るのは腐敗と拝金主義と、冥府魔道の権力闘争（内ゲバ）である。大多数を占める庶民は異常な富を不正に蓄えた赤い殿上人を眺めながら、子供のいない老後に備えてわずかな給金をこつこつと貯金し、思想改造されたふりをして羊のような小市民を演じている。

この国民の不満をそらし、栄華を極める中国共産党の独裁政治の正統性を維持するためには、色褪せた共産主義に代えて新しい正統性を作り出す神話が要る。それが「日米欧の侵略者と蔣介石の国民軍を叩き出して中華人民共和国を建設し、今日の繁栄を築いたのは中国共産党である」という幾分手前味噌な建国神話である。

ナショナリズムへの陶酔

共産党による建国神話とそれを吹き込む愛国教育は、共産党独裁の正統性のために不可欠な思想的生命維持装置となった。徹底した思想改造を目指す革命的愛国教育では、日米欧によって蹂躙された100年の屈辱の歴史が、何度も子供たちの真っ白な脳裏に刷り込まれる。やがてそれが毒に変じて子供たちの心の底に沈殿していく。

また、世界第二位の地位にまで上り詰めた目くるめく経済成長と、リーマンショック後の西側の凋落を見た新しい世代では、ナショナリズムへの陶酔が始まっている。国威発揚それ自体が国民的目標となった感がある。国力が急激に上がる工業化の初期には、多くの国にナショナリズムの劇的な高揚という病理が出がちである。中国も例外ではない。

今日の中国の青年の多くは、昭和の青年将校のように、乾隆帝の治世以来の国威発揚に陶酔している。数百年ぶりの栄光である。政府が吹き込んだ愛国主義は、まるで炭火が熾《おこ》るようにして中国人の心中に燃え続けるようになった。今やその熱量は政府をも当惑させる。14億人の内面に熾った愛国主義の炎は、ふいごを逆に吹くようにして、猛烈な熱風を中国共産党に吹きつける。

独裁政治の正統性欠如に苦しむ共産党政権は、この危険水準にまで高まった愛国心を統治に利用せざるを得ない。その行き着くところは対外的な拡張主義である。帝国陸軍の大陸拡張政策と国民のナショナリズムが共鳴した昭和前期の日本のような不安定な状況が生まれている。

中国共産党が生き残るために創作した建国神話と、もはやその背から降りることのできなくなった愛国主義、拡張主義が、最大の生贄として求めるものは台湾である。日清戦争で奪われ、怨敵蔣介石の逃げ込んだ島である。その再征服は、アヘン戦争で奪われた香港の奪回よりも価値が高い。しかも台湾は1945年以来、一貫して米国の勢力圏下にある。なかなか中国に屈服しない日本も同盟国として米国の傍らに立っている。国民を興奮させるドラマの敵として日米ならば申し分がない。中国共産党建国神話の最終章として、これほど相応しいものはない。

自由投票による解決はあり得ない

問題は、中国共産党が台湾住民の自由意志に一片の価値も置かないことである。台湾問題の解決は武力によることになる。中国共産党にとって、台北に傀儡政権でもできない限り、台湾住民の自由投票による解決はあり得ない。

中国共産党は自由主義思想とは無縁の独裁政権である。20世紀中葉、植民地支配を押し付けられたアジアの国々が独立を果たし、20世紀末から次々と民主化して自由主義的国際秩序に参画してきているのは、人々の自由意志こそが権力の正統性を確保するという政治的信念が、アジアにゆっくりと根を張ってきているからである。

しかし、ハナから放埒な自由主義や個人主義を軽蔑し、人々の思想改造と暴力革命への献身の強制によって人工的、集団的に「理想社会」という名のディストピアを作り出してきた中国共産党に自由主義の伝統はない。ささやかでも自分と家族の幸せな暮しを守りたい、家族のために努力して少しでもよりよく生きたいという台湾住民の自由意志は、武力で蹂躙する対象でしかない。この点、独裁色を強める習近平には、一点の迷いもないであろう。

台湾の歴史と中国の歴史——漢民族と北方騎馬民族が織り成す壮麗な歴史絵巻

中国の唱える台湾の歴史は粉飾が強い。そもそも中国の歴史の中心は黄河流域の中原にある。中原を巡る漢民族（漢人）と侵入を繰り返す北方騎馬民族（胡人）の闘争の歴史が中国史を彩る。

漢民族と騎馬民族が入り乱れた隋以前の三国時代、南北朝時代、五胡十六国時代は言うに及ばず、秦、隋、唐、元、清はそもそも北方異民族支配の中国である。純正漢民族の中国は漢、宋、明しかない。異民族を追い出した中国は小さい。万里の長城の南側に立てこもるのが漢民族の中国である。ゴビ砂漠も天山山脈もイスラム系の異民族の住む地域である。

逆に、モンゴル族や満洲族のような北方騎馬民族に支配された中国は大きい。チベットやウイグルなどの周辺騎馬民族も、皆、服属するからである。中国は、支配者を変えるたびに、心臓のように膨れたり縮んだりしてきた国である。その歴史は漢民族と北方騎馬民族を縦糸、横糸にして織り成された壮麗な錦帯のような歴史であり、決して単調な漢民族の歴史ではない。

中国は、南方の海洋にはほとんど関心がなかった。明の時代には「朝貢しない国とは貿易しない」という狭量な海禁政策を取り、逆に密貿易で巨利を上げた倭寇の跳梁跋扈を招き、その上陸襲撃を恐れて海岸線から住民を引き上げさせたりした。有名な明の鄭和《ていわ》はイスラム教徒で、当時、すでに頻繁に海を行き交っていたシンドバッドたちの仲間に加わったに過ぎない。明を滅ぼした清は、海を見たこともない草原の民であり騎馬民族である。海洋に関心はなかった。中国は根っからの大陸国家である。だから日清戦争後、惜しげもなく密林に覆われた台湾島を日本に割譲したのである。

台湾は、中国の島ではなかった。台湾が中国領になるのは江戸時代中期に過ぎない。中国人が入ってくる前から住んでいる人たちがいる。現在、16の少数民族が数えられている。日本列島に続く火山列島の一部を成す台湾島は、4000メートル級の山が多く聳え、コーカサス山脈やパミール高原の西端同様、少数の山岳民族が点在して暮らすにはほど良い地形である。そこに漢人や客家《はっか》が侵入して、西側の平地に住み着き始めた。

イル・フォルモーサ

台湾に最初に目を付けたのは、大航海時代のポルトガルである。大航海時代とは、イスラム勢力をイベリア半島から追い落とし、意気の上がるスペインやポルトガルが大西洋に飛び出した時代のことである。その後をオランダやイギリスが追った。

16世紀、豊かな中国やインドとの交易で一獲千金を夢見たスペイン人、ポルトガル人は、オスマン帝国が支配する地中海東岸を突破することを諦めて、地球は丸いと信じて世界地図もないままに大西洋に飛び出したのである。無謀な航海であったが、香辛料、陶磁器、漆器、綿織物、絹織物、茶といった豊かなアジアの物産は彼らの目を眩ませた。アジアも新大陸も知らない当時のヨーロッパは貧しかったのである。

ポルトガル人のバスコ・ダ・ガマは喜望峰を東回りにアジアにたどり着いた。当時の欧州諸国の貿易は、自由貿易を奉じる商人というよりは海賊と紙一重であり、アジア貿易を独占するべく互いにしのぎを削り、力の弱い貿易中継拠点を次々と乱暴に征服していった。ポルトガル人が入った台湾もそうである。ポルトガル人は台湾を「イル・フォルモーサ」と呼んだ。今日、私たちが台湾島を美麗島と呼んでいるのは、この「イル・フォルモーサ」の漢訳である。

ポルトガルの勢力が弱くなると、スペインとオランダが台湾に侵入するが、ゼーランディア城に拠点を構えたオランダがスペインを駆逐する。プロテスタントの多いオランダは、厳しいカトリックの教義を掲げて異端審問や魔女狩りを行っていたスペイン・ハプスブルク家の支配に反旗を翻し、70年にわたる悲惨な独立戦争を経て独立したばかりであった。カルバン主義のオランダ人は商売熱心で、スペイン・ハプスブルク家との信教の自由をかけた独立戦争は、オランダ人を屈強の戦士にしていた。

オランダの台湾支配を打ち砕いたのは近松門左衛門の『国姓爺合戦《こくせんやかっせん》』に出てくる鄭成功《ていせいこう》である。大陸侵攻を夢想した太閤秀吉は朝鮮半島に攻め込むが、淀君の色香に惑う老いた秀吉は50万の大軍を逐次投入し、宗主国である明の軍隊に敗退する。しかし命運の尽きかけていた明朝は、その後李自成《りじせい》の乱で自滅した。その隙を見計らって、日本より遥かに小さな勢力であった女真族の清が、中国を席巻して大清帝国を建てた。その時、明の皇子を連れて台湾に逃げ込み、海上王国を建てたのが鄭成功である。中国人の父を持つ鄭成功の母は日本人であった。

この明の残党を清が討ち果たして初めて、台湾が中国の支配下に組み入れられたのである。17世紀後半の話である。それから日本による台湾併合までの200年だけが、中国が台湾を本当に支配した年月である。支配といっても、風土病が猖獗《しょうけつ》を極めるジャングルの島である。実際のところ、北方騎馬系の大清帝国は台湾支配にほとんど関心がなかった。

台湾の近現代と台湾人アイデンティティ

産業革命後の欧州列強が中国に牙をむいたのは、アヘン戦争からである。大清帝国の版図や朝貢体制は無残に押しつぶされ、欧州人は近代的な国境で締め付けるようにして大清帝国を取り囲み、その輪をどんどん小さくしていった。香港を英国に奪われ、極東シベリア、沿海州をロシアに奪われ、ビルマに英国が侵入し、ベトナムにはフランスが侵入し、開国を強要された上海等には租界が林立した。大清帝国が戦った19世紀最後の戦いが日清戦争だった。その結果、日本が勝利し、朝鮮が独立し、台湾が日本領となった。

日清戦争の前、明治維新から間もない1871年、台湾に漂着した宮古島漁民54名を台湾人が虐殺した事件で、西郷従道が台湾征伐に入り、大久保利通が北京で交渉に及んで、日本が賠償金を勝ち取った。その結果、近代国際法上は、琉球が日本で台湾が中国だという線引きができた。

しかし、その後、日清両国は、朝鮮の朝貢国というあやふやな位置付けを巡って対立を先鋭化させた。それが原因で日清両国の戦争が勃発したのである。日清戦争は朝鮮半島を巡る戦争であったが、日本は南進の足掛かりとなる台湾を所望した。

日本の台湾支配は、産業革命の遥か以前から地球の反対側の異人種や異民族を奴隷化し、鞭を振るって牛馬のように扱った欧州諸国の植民地支配とは趣が異なる。産業革命中の明治日本は、いきなり台湾のインフラ整備と工業化を目指した。児玉源太郎、後藤新平、新渡戸稲造等の日本を代表する能力ある人々が台湾に赴任した。教育にも力を注ぎ、1928年には台北に帝国大学を早期に設置している（現在の国立台湾大学）。それは大阪帝国大学や名古屋帝国大学の設置より遥かに早い。

日本の台湾支配は自国領土の直接拡張であり、人種差別下で非道なプランテーション経営や鉱山経営が横行した欧米諸国によるアジア、アフリカの植民地経営よりも、独仏間のアルザス・ロレーヌ地方割譲などの欧州大陸内での領土変更に近い。もとより同意なき植民地支配は、今日の自由主義的な考え方からは到底肯定できるものではないが、台湾は、朝鮮半島と同様、明治以降の日本による統治が経済発展をもたらした成功例である。

台湾併合の際には、清に忠誠を誓う漢人による反乱もあったが、すぐに平定された。台湾住民の本格的反乱としては、1930年に差別的な待遇に怒った原住民セデック族の起こした霧社《むしゃ》事件がある。今日の台湾では、霧社事件は名作映画『セデック・バレ』に見られるように、「台湾人（中国人ではない！）」の近代的民族意識の萌芽として扱われており、反乱の首謀者たちはサムライのような勇敢な英雄として描かれている。

太平洋戦争が終わり、日本が敗退すると蔣介石の国民党軍が台湾に入城する。当初、中国復帰を祝うかに見えた台湾人であるが、その夢は早期に消える。韓国では日本軍に代わり近代的で豊かな米軍が入ってきたが、台湾では19世紀そのままの国民党軍が国共内戦の敗残兵として入ってきた。台湾人は驚き、失望した。国共内戦の硝煙の匂いの消えない蔣介石の統治手法は紛れもない軍事独裁であった。台湾人は「犬（日本）が帰って豚（国民党）が来た」と吐き捨てた。犬はまだ役に立ったではないか、という意味らしい。

1947年2月28日、台北の些細な事件が原因で暴動が勃発する。国民党軍は白色テロによって数万の台湾人を虐殺した（2・28事件）。日本敗戦から国民党入城まで、過酷な運命に翻弄された台湾人の悲劇は、当時の台湾人の日々を静かな目線で描いた名作映画『悲情城市』に見ることができる。その蔣介石が死に、息子の蔣経国が台湾統治を引き継ぐと、台湾は独裁下ながらも大きく発展を始める。国民党による白色テロは忘却の戸棚にしまい込まれた。2・28事件に再び歴史の陽が当たるのは、1996年の台湾民主化の後のことである。

台湾の歴史において特筆されるべきは京都大学農学部で学び、日本人よりも日本人らしい武士道精神を培った李登輝総統である。李登輝総統は、台湾の民主化を成し遂げた。大陸から渡ってきた国民党(外省人)が台湾の総人口に占める割合は15%以下である。

ハプスブルク家やホーエンツォレルン家の支配下で発展を続けていた東欧諸国が、戦後、突然、西欧諸国から見下されていたロシア人によって粗暴な共産党独裁体制を押し付けられたときに抱いたであろう失望感と同じ失望感を、人口の8割以上を占めた台湾人(本省人)は国民党支配の下で感じたはずである。台湾が民主化すれば本省人の不満が噴出して国民党支配は崩れる。誰もがそう思っていた。

台湾生まれの李登輝は「私は国民党だが、台湾人だ」と連呼して、1996年、台湾史上初めて民選の総統となった。「台湾人」という言葉は、「共産主義的中国人」という国民的アイデンティティの創出に失敗し、大清帝国の後を襲って強権的に組み込んだ1億人の蒙回蔵(内モンゴル、新疆ウイグル、チベット)の少数民族の扱いに悩んでいた中国共産党首脳の胸に突き刺さったであろう。

1990年代に騎虎の勢に乗って成長する民主台湾が、中国とは異なるアイデンティティを創出しつつある。そう考えた中国は、多数のミサイルを台湾沖に打ち込んだ。台湾人は反発して、かえって民主主義の旗の下に団結した。米空母機動部隊の派遣で中国は引き下がったが、台湾問題がアイデンティティの問題として対中関係を先鋭化させることを如実に示した事件だった。

李登輝の後、案の定、国民党は政権を失い、民進党の陳水扁《ちんすいへん》総統（2000―2008年）が権力を握るが、統治の経験がなく、独立志向を鮮明にした陳水扁は、中国を激しく刺激し、台湾を勢力圏下に置く米国からも問題児扱いされ始める。反発した中国は、反国家分裂法（2005年）を制定し、台湾の独立に対しては武力行使を辞さないという立場を鮮明にした。例によって、この恫喝はかえって台湾人の愛国心に火をつけてしまう。

後を襲った国民党の馬英九《ばえいきゆう》総統（2008―2016年）は、中国共産党に急接近する。中国の経済発展が軌道に乗り、日本の経済規模を追い抜く頃である。中国は反国家分裂法で中台間の三通（郵便、交通、通商）の直通を定めており、台湾にとって中国は大きな市場、投資先として登場していた。中国から見れば、中台は一つの中国であり、経済的に合体していくことは良いことだと考えたのであろう。その真の狙いは、大陸による台湾の経済的併呑であった。

しかし、台湾が民主化した1996年以降に物心がつき、自由主義的な空気を肺の底まで吸った若い台湾人は反発した。2014年、学生たちが立法院を占拠して始まった「ひまわり革命」である。1996年に10代前半の子供たちは、2014年にはすでに大人になっていた。民主主義しか知らない世代である。「ひまわり革命」の若者たちのすがすがしい様子は映画『私たちの青春、台湾』に見事に描かれている。李登輝総統の残した台湾は、すでに国民党の独裁政治の古い皮を脱ぎ捨てて、根っからの民主主義国家に生まれ変わっていたのである。

台湾人の魂に根を張ったアイデンティティ

2016年、再び民進党は政権を取り戻した。陳水扁と異なり蔡英文《さいえいぶん》総統の統治はバランスが良く、いたずらに独立を言い立てて北京を刺激することなく、台湾の自由と台湾人の幸福を守るために、西側にしっかりコミットしてもらうように静かに努力している。

2020年、習近平による香港の自由圧殺は、凍えるような寒風を台湾に吹き込んだ。香港人は、いつも台湾人を見ていた。台湾が民主化に一歩足を進めるたびに、自分たちも半歩前に進めると考えてきた。幻想だった。習近平によって戦前の日本の治安維持法のような国家安全維持法が香港に適用され、中国のプロの公安警察が大挙して香港になだれ込んだ。思想警察による厳しい取り締まりが始まった。それは台湾人の心に「決して香港のようにはならない」という覚悟を生んだ。同時に「次は自分たちが狙われる」という危機意識が鮮烈になっていった。

今日、「あなたは何人ですか」と聞くと、台湾人のほとんどが誇らしく「私は台湾人です」ときっぱり答える。かつては多くの台湾人がはにかんだように「私は中国人で、台湾人です」と答えていた。それが台湾人だと言い切るようになったのである。台湾人としてのアイデンティティが彼らの魂の底に根を張っている。それは、独裁下の思想改造とは無縁の、一人ひとりの自由意志に根差したアイデンティティである。

台湾有事は日本有事である

台湾有事は抑止せねばならない。なぜなら、台湾有事は高い確率で日本有事となる可能性があるからである。まず先島諸島がある。与那国、尖閣、石垣、西表、宮古などの美しい島々からなる先島諸島は、沖縄本島から300キロ以上離れた群島であり、むしろ台湾島に近い。最西端の与那国は台湾島までわずか100キロ余りの距離である。東京と熱海の距離である。私が与那国に行ったときには小雨模様で見えなかったが、天気晴朗であれば水平線の向こうに巨大な台湾島がくっきりと姿を現す。

台湾有事は、朝鮮有事とは次元が異なる。朝鮮半島には、人口5000万、ロシア並みのGDPで、日本並みの軍事費を抱え、60万の軍勢を構え、米陸空軍が常時駐留し、米国の核の傘の下にある大国、韓国がある。北朝鮮がおいそれと勝てる相手ではない。仮に有事になっても、北朝鮮が日本に及ぼす脅威はミサイルだけである。だから日本は1990年代から高価なミサイル防衛に注力してきた。

台湾有事はそうはいかない。中国軍の巨軀が台湾海峡を渡り始めれば、その作り出す巨浪は津波となって直近にある南西諸島を呑み込むことになる。

中国は、流行りのハイブリッド戦争を台湾に仕掛けてくるであろう。特殊兵による要人暗殺、海底ケーブルの切断と西側との情報遮断、その後にサイバー空間を通じた猛烈なフェイクニュースの洪水が来る。EMP（電磁パルス）攻撃やサイバー攻撃による政府・軍の指揮命令系統の破壊・乗っ取りが行われ、親中勢力を担いで傀儡政権が樹立され、中国政府に軍事支援の要請が出される。中国軍は、海上封鎖をかけて外国勢力の介入を阻止した上で、傀儡政府からの内乱鎮圧要請を名目に上陸し、戦わずして台湾軍を屈服させようとするであろう。

しかし、そう上手くいく保証はない。台湾が反撃すれば本格的な中台戦争になる。現代戦の戦域は広い。台湾有事が始まれば圧倒的に数で優勢な人民解放軍が台湾島を封鎖し、海路、空路の連絡を遮断して、広大な戦闘区域を指定するであろう。現代の戦闘機は時速数千キロである。中国軍が日本の先島諸島の領空、領海を外して戦闘してくれると考えるのは軍事的に非合理である。先島諸島は中国の戦闘区域に含まれる可能性がある。

先島諸島の与那国、石垣、宮古の各島には陸上自衛隊が基地を開いている。中国が、米国と同盟している日本の自衛隊基地を予《あらかじ》め無力化したいと考えることはあり得る。最悪の場合、中国兵が上陸してくることもあり得るであろう。有事には機動装甲車が緊急展開することになっているが、今、どんどん廃棄している戦車を先島に持ってきておくべきではないだろうか。後に述べるが、先島住民の保護や避難についても真剣に考え、練習しておくことが必要である。

韓台比と日本は「唇と歯」の関係

また、日本は、日米安保条約第6条に基づいて、米軍が米軍基地を用いて日本周辺の地域を守ることを認めている。どういうことか。岸信介総理が命の危険さえ覚悟して改定した日米安保体制は、日本の米軍基地を中核にして旧大日本帝国領だった韓国と台湾及び旧米国植民地だったフィリピンの安全を守ることを射程に入れたものである。

太平洋戦争終結時、大日本帝国は爆縮を起こし、周囲は力の真空となった。ソ連、中国、北朝鮮という巨大な共産圏軍事ブロックが立ち上がり、朝鮮半島では北朝鮮軍が無防備だった韓国に躍りかかり、米軍が応戦し、中国が参戦して朝鮮戦争の戦火が噴き出した。米国は、日本の後方支援基地としての戦略的価値を再確認していた。日本にとっても日本列島の外殻ともいうべき韓国、台湾、フィリピンが防衛されることは、日本自身の安全保障にとって肝要であった。日米の戦略的利益が合致した。

韓台比と日本の関係は、中国人がよく比喩で用いる「唇と歯」の関係なのである。日本を拠点にして、米国が周辺の韓国、台湾、フィリピンを守る。それが日本の安全保障に貢献する。これが日米安保体制第6条の地域安全保障構想なのである。

したがって、台湾有事に米国が台湾支援に踏み切るとき、米軍は日本の米軍基地を使うことになる。中国がどう反応するかは分からない。台湾に全力を集中せねばならないときに、日米同盟を正面から敵に回し、東京や大阪を爆撃して日本を全面的に台湾紛争に巻き込むことは外交的にも戦略的にも決して上策ではない。米国も日米同盟に従ってフルに参戦する。米国議会も国民も黙っていないであろう。しかし、中国軍が、沖縄、九州、さらには本土の米軍基地、自衛隊基地を一気に叩いてこないという保証はない。山本五十六連合艦隊司令長官のように、どうせやるなら持久戦、消耗戦でなく、最初の一撃で思い切り敵の頭や鳩尾《みぞおち》を叩きたいと考える中国軍人が出てこない保証はないのである。

習近平が台湾を侵攻するかどうかという意図の問題から議論するのは誤りである。まずは人民解放軍の能力を見なくてはならない。安全保障の分析は、相手の能力評価から始まる。中国自身の国力の急増を反映して、人民解放軍の予算も能力も急激に上昇している。もはや米軍以外にサシで中国軍に対応できる軍隊は存在しない。我が自衛隊もサシの戦いなら負ける。

自衛隊の能力構築には巨額の予算と時間がかかる。第二次安倍政権登場まで、中国の大軍拡を横目に見ながら、日本政府は無責任にも防衛費を削減し続けていた。第二次安倍政権が立ち上がったとき、防衛費はわずか4兆7000億円だった。安倍政権が終わった後、防衛費は5兆3500億円のレベルにまで戻した。しかし、その時すでに中国の軍事費は25兆円弱で、さらに2桁で伸びようとしている。地域の軍事バランスは、急激に中国に有利に傾きつつある。

習近平は政権のリスクを冒してまで戦争しないとか、日本の防衛装備充実が中国を刺激するという議論があるが、中国の大軍拡を前にして、浮世離れした話である。習近平のような独裁者の判断を予め知ることは不可能である。ある日突然戦争が始まることはよくある。そもそも普通は開戦の直前まで開戦の意図は明らかにしない。奇襲は戦争の常道である。プーチン露大統領のクリミア併合の日を誰が予測しただろうか。ヒトラーの独ソ戦開戦の日を誰が予測しただろうか。

習近平は台湾併合が歴史的任務であると公言している。習近平のような独裁者の心が読める人などいない。中国に圧倒的に有利な軍事的状況で、いくら習近平が開戦しないなどと議論しても、危険を招くだけである。弱いほうから挑発するのは愚の骨頂であるが、相手が「やれる」と思いそうなときに、「やっぱりやれない」という客観的軍事状況にしておくことが大切なのである。

それが抑止である。抑止のためには能力構築が必要である。太平の世に慣れすぎた日本の努力はまだまだ足りない。恥ずかしいことに日本の3割程度の経済規模の韓国にもうすぐ防衛費で抜かれそうな勢いである。もちろん、老いた日本だけでは中国に軍事的に対峙できない。日米同盟の強化が要る。習近平は、自由とか愛とか言っても理解しないが、権力闘争の猛者として力の論理は理解できる。だからきちんとした準備が要るのである。

リーダーシップを発揮できるのは総理と防衛大臣だけ

日米同盟の統合運用は、実は脆弱である。海洋同盟の色彩の濃い日米同盟は、大陸の陸上戦闘が主体となる米韓同盟やＮＡＴＯ軍のように指揮権が一元化されていない。それは実際の有事に及んで自衛隊と米軍の統合計画が日頃から練れていないということである。統合計画がなければ、そのための演習もない。

自衛隊の装備は一流ではあるが、何をどう統合的に運用するかというところが、そもそも自衛隊の中で詰まっていない。海兵隊に相当する旅団規模の水陸機動団も立ち上がったが、どのようにして戦場に投入するのか。有事に及んで、海上自衛隊、航空自衛隊と陸上自衛隊、水陸機動団がどう連携するのか。

制度的にも、自衛隊の統合運用が始まったのはつい最近のことである。自衛隊統合幕僚監部（統幕）が立ち上がったのは2006年に過ぎない。小さく生んで大きく育てると言いながら、陸海空自衛隊の抵抗にあって、いまだに小さい体のままだ。内局も統幕による自衛隊の掌握権が強くなることに内心怯えている。陸上自衛隊に至っては、かつての参謀総長に匹敵する陸上総隊司令官が設置されたのが何と2018年である。それまでは北方、東北、東部、中部、西部の方面総監が同格であり、5つのプチ陸上自衛隊が併存している有様であった。

このような実態であるから、日本の自衛隊の中でさえ、どのようにして統合戦略を立てるのかという議論が、実は希薄なのである。

陸海空自衛隊に対して強力なリーダーシップを発揮できるのは、政治指導者だけである。自衛隊の指揮権を持つ総理大臣と防衛大臣だけである。自衛隊の育成と装備の充実には、長い時間と巨額の予算が要る。一朝一夕にできるものではない。安定した政権と強力な指導力が要るのである。こういう話は最高指揮官の総理大臣が、強い問題意識を持って軍サイドを指導する必要がある。陸海空軍はどこの国でも仲が良くない。統率する最高指揮官が軍の統合運用に強い問題意識と責任感を持つ必要があるのである。

台湾有事には尖閣も取られる

台湾有事が日本有事であるのには、もう一つ理由がある。中国は、尖閣諸島を台湾の一部と主張している。日米同盟が台湾に注力することを避け、その注意をそらし、勢力を割くために、台湾有事と同時に尖閣奪取を試みることは十分あり得る話である。台湾有事には台湾のみならず尖閣も同時に侵略される恐れがある。そうなれば直ちに日本有事になる。

尖閣諸島は、１９６９年に国連機関が周辺海域に石油が埋蔵されていると報告書に書いてからがぜん注目を集め始めた。その頃から台湾と中国が領有権を主張し始めた。油が出るから問題になり始めたのである。

中国、台湾のいずれも、それ以前には尖閣など名前も場所も知らなかったであろう。実際、１９６０年代までの中国人民解放軍海軍作成の地図にも、日本領として「尖閣諸島」がはっきり書き込まれている。その一冊が虎ノ門にある内閣府の領土主権展示館に展示してある。サンフランシスコ講和会議には中国も台湾も呼ばれなかったが、そこで尖閣は台湾の一部ではなく沖縄の一部と明瞭に認識され、日本独立後は沖縄の一部として沖縄駐留米軍の施政下に入った。サンフランシスコ講和会議後、中国も、台湾も、長い間、このような尖閣の扱いについて、全く文句を言わなかった。尖閣を日本領と考えていたからである。

尖閣諸島が問題となった時点の中国は惨めだった。毛沢東の大躍進と文化大革命で数千万人を死に追いやった中国の経済は極度に疲弊し、また毛沢東はソ連とのダマンスキー島での軍事衝突でブレジネフを怒らせて震え上がっていた。１９７０年代前半の日中国交正常化の折、周恩来首相は訪中した田中角栄総理に対して、兎に角「一気呵成」に国交を正常化したいと述べて、尖閣など油が出て急に問題になった、油が出なければ誰も気に留めないのに、などと率直に話していたのである。日本は、この外交文書を全て公開している。

毛沢東の死んだ１９７０年代後半には、鄧小平が実権を握っていた。超絶した独裁者であった毛沢東と異なり、小粒な鄧小平は李鵬等のごりごりの保守派と自らが重用した胡耀邦や趙紫陽といった改革開放派のバランスを取らねばならない調整型のリーダーだった。

鄧小平は、毛沢東を代弁した周恩来のように「油が出たから問題になっているだけだ。尖閣の話はしない」と公に言い切る力はなかった。保守派にも秋波を送らざるを得ない鄧小平は、福田総理との会談後の記者会見で、「尖閣問題の解決は次の世代に棚上げの合意をした」と嘘をつかざるを得なかった。福田総理は、鄧小平が尖閣の話をしたくないというのを聞き流しただけである。

日本政府の立場は一貫して「尖閣を巡る領土問題は存在しない」というものである。突然「油が出る島は自分の島だ」と中国に言われても困る。尖閣は、以前に一度も中国が領有を主張したことのない島である。存在しない領土問題を棚上げすることはできない。業を煮やした鄧小平は、日中平和友好条約締結直前に、尖閣周辺海域に数百隻の漁船団を送り込んだ。おそらく民兵だったのであろう。物理的に「領土紛争」を作り出そうとしたのではないだろうか。

第二次安倍政権のときにも、2016年に同じような事件があった。近代海軍がなかった頃、中国の海上民兵（日頃は漁民のゲリラ兵）は海上兵力の主力であった。その力は健在である。日本のような力のない南シナ海の国々は可哀想に、この中国の海上民兵が乗り組んでいるであろう漁船団に頻繁に苛《いじ》められている。

近代的国境画定の最中だった19世紀アジア

中国の学者は、井上清氏の書いた『「尖閣」列島』という本に依拠して議論を展開することが多い。井上氏の本はご自身が認められている通り、学術書ではなく、日本帝国主義糾弾というイデオロギー色の強いパンフレットのような本である。尖閣論争はこの本が火をつけたと言ってもよい。この本の問題は、日清戦争前に日本が中国領だった尖閣諸島を台湾と一緒に掠め取ったという思い込みから論が進められていることである。中国でもそれに倣った主張をする人が多い。

日本が日清戦争開始直前に尖閣諸島が無人の小島であることを確認して日本領としたというのは事実である。しかし、日清戦争終結後、和平交渉の場において、割譲される台湾の範囲について日清間で克明な交渉がなされている。その場で中国側が尖閣諸島について言及したことはない。中国は20世紀後半まで尖閣諸島について領有の主張をしたことがない。何の関心もなかったのである。

また、19世紀の時点で、アジアの海に明確な近代的国境があったという思い込みは誤りである。当時は、日本も小笠原・南鳥島を巡る日米交渉、樺太・千島を巡る日露交渉等を行っていた。19世紀のアジアは近代的国境画定の最中であり、帰属不明の島々も多かった。朝貢体制を敷く中国は、周囲の王を押さえて中国皇帝が支配を確立するという属人的支配の手法を取っており、周辺の支配者が朝貢するかどうかという点に関心があった。近代西欧人のように領土に執着し、面を押さえて属地的に排他的支配権を確立するという発想がなかった。国境そのものに、あまり関心がなかったのである。特に海上の小島には全く関心がなかった。

中国が日本に実力行使を始めた年

２０１２年秋、リーマンショック、東日本大震災、福島第一原発事故で疲弊していた日本では、鳩山由紀夫《はとやまゆきお》民主党政権総理が普天間基地の沖縄県外移転を言い出して日米関係を大混乱させていた。自信をつけた中国は、弱った日本を侮った。

それ以前から、中国は２００６年に国連に南シナ海は中国海であるという荒唐無稽な文書を提出し、大真面目に南シナ海の制圧に乗り出していた。南シナ海のサンゴ礁を埋め立てて３０００メートルの滑走路を持つ大規模な軍事空港を整備し、南シナ海を囲む国々を怯えさせていた。

そして、民主党政権が倒れる直前の２０１２年秋、ついに米国の太平洋随一の同盟国である日本にも手を出すようになった。２０１２年秋は、覚えておくべき年である。中国が日本に実力行使を始めた年である。張作霖爆殺、満洲事変が日中関係を永遠に変えたように、力を行使すれば関係は壊れる。人間関係と一緒で、どんなに問題があっても何とかやっていけるものであるが、殴ってしまえばなかなか関係は元に戻らない。国家関係でも同じである。

なぜ中国海警は大増強できたのか

2012年秋、安倍政権の成立以前、中国「海警（日本の海上保安庁に相当するが、海軍隷下にあり、責任者も海軍軍人）」の公船が数隻、連日大挙して尖閣に押しかけてくるようになった。太田昭宏国交大臣、佐藤雄二海上保安庁長官の指揮の下、海上保安庁は直ちに尖閣専従体制を敷いて対抗し始めた。当初、中国側海警の勢力は40隻、日本の海上保安庁は50隻を抱えており、尖閣周辺でも余裕の対応をしていたが、習近平は直ちに海警の巡視船を130隻に増強した。

中には、中国海軍のフリゲート艦を白く塗って投入した船もある。軍艦は戦闘用の船である。装甲は厚く小銃の銃弾など跳ね返す。戦闘員ではない海上保安庁の船はそうはいかない。アルミ製で軽快に走る船であるが、撃たれれば穴だらけになる。海警の有する最大規模の艦艇は1万トンであり、イージス艦並みの巨艦である。海上保安庁の公船は22ミリ砲が主体だが、中国の巨艦は軍艦並みの76ミリ砲を備えている。その砲弾の大きさは小学生ほどもあり、大人が抱えてもよろめくほどである。

なぜ中国海警は、これほど大増強できたのか。それは、習近平という指導者の個性にもよるが、それより重要なことは、中国経済がちょうどこの10年の間に日本の経済規模から米国の経済規模に迫るほどに急成長したからである。先述の『ジャックと豆の木』のような話である。あまりに成長が早くて、日本人の多くが中国の脅威の増大を正確に認識できていない。今、日本はもはや自分と同じ大きさの中国と向かい合っているのではない。米国に届く背丈の中国と向かい合っているのである。

第二次安倍政権以降、遅ればせながら海上保安庁の増強が始まっている。世界有数の海洋面積を有する日本の海の治安を守る海上保安庁の予算が、東京消防庁より小さいのは問題である。NHK予算の数分の一に過ぎない。第二次安倍政権以前の日本政府に日本の海を守る気概があったとは思えない。当時の海上保安庁は、船が足りないから、遥かに耐久年齢を超えて老朽化の進んだ船も引退させられなかった。私が数年前に乗った巡視船「おきなわ」は典型的な老朽船で、日露戦争で使ったかのような手動のガトリング砲が積まれていた。本当にお金がなかったのである。

自衛隊も人民解放軍も一触即発

また、海上保安庁は、海の警官であるだけではない。実は海の救急車でもある。中国人でも、フィリピン人でも、大洋の真ん中で病人が出れば、ヘリを飛ばして何千キロも迎えに行く。多忙を極める割には、これまで海上保安庁に与えられた予算は雀の涙だった。

安倍政権で海上保安庁増強閣僚会議が立ち上がり、コツコツとではあるがやっと海上保安庁の増強が始まった。実に、40年ぶりの海上保安庁の増強である。驚いたことに、200カイリ経済水域ができたときの増強以来、初めての増強なのである。

現在、海上保安庁の巡視船数は、ようやく中国の130隻の半分くらいに到達しつつある。老朽化した船の退役もあり、なかなか中国の規模には追いつかない。中国は海警の勢力の半分を南シナ海に持っていっているが、いつ尖閣へ集中投入するか分からない。そうなれば海上保安庁は押しつぶされる。

また、中国は海上民兵を動員できる。300隻、400隻の海上民兵が海警と一緒に突入してくれれば、海保の壁は乗り越えられ、尖閣に大挙して武装した中国人が特殊兵と共に上がり込むということが危惧される。先に述べたように、第二次安倍政権当時（2016年）も、一度だけ尖閣周辺への漁船の大量蝟集《いしゅう》という事案があり、新聞にも大きく報じられたので、覚えておられる方も多いであろう。

海保の増強は、まだ4合目である。海保の壁が破られれば、自衛隊の出番である。過早な自衛隊の投入は、中国に日本が開戦したという口実を与える。しかし、最後は自衛隊が抑止を効かせねばならない。すでに自衛隊も人民解放軍も、海上保安庁と海警の後背をびっしりと固めている。一触即発なのである。仮に有事になれば、映画『空母いぶき』の世界が現出する。一隻当たり200名から300名を乗せた最先端の軍艦同士のミサイルの打ち合いは、瞬時にして数千名の命を奪うであろう。

この10年間、国民の知らない間に尖閣情勢を巡る軍事的緊張は著しく高まっている。だからこそ、米国が尖閣は日米安保条約第5条の防衛対象だと公言し始めたのである。それは、中国が尖閣有事を引き起こせば、米軍は参戦するという意思表示に他ならない。今、尖閣情勢が落ち着いているのは、もはや一触即発というところまで日米同盟対中国の軍事的態勢が進んで来てしまっているからである。

自衛隊、防衛省に台湾有事への備えはあるか

自衛隊は、1954年の創設以降、四半世紀の歴史の中で、その戦略関心をゆっくりと北から南へ移してきた。警察予備隊だった陸上自衛隊、海上保安庁の一部だった海上自衛隊は、陰に日向に朝鮮戦争で米軍を支援してきたが、朝鮮戦争は1953年に休戦協定が成立した。翌年、正式に発足したばかりの自衛隊は、1000万人を動員した帝国陸海軍とは比べ物にならない小兵だった。それは百万単位の赤軍を備えたソ連、中国、北朝鮮に比して赤子のように見える軍隊だった。

当時、ソ連は計画経済が軌道に乗り、核兵器開発で米国に追いつき、スプートニク衛星の打ち上げで米国を驚かせ、東欧諸国を共産圏に併呑して欧州正面に強大な赤軍を構えていた。極東ソ連軍も40万の勢力だった。自衛隊の関心は、北海道に集中していた。北海道に米軍はいない。樺太は宗谷海峡を挟んで目と鼻の先である。有事になれば米国陸軍、海兵隊の支援は間に合わない。北海道こそ自衛隊が単独でソ連の侵攻を阻む地であった。玉砕覚悟の陸上自衛隊、航空自衛隊の精鋭が集められた。

海上自衛隊は米第7艦隊と共に、陸上自衛隊、航空自衛隊が戦っている間にシアトルの米陸軍第1軍やハワイの第3海兵遠征師団を、日本列島に無事連れてくることが任務となった。米陸軍、海兵隊の来援に失敗すれば、北海道の陸上自衛隊、航空自衛隊は消滅し、そのまま本州になだれ込んだソ連極東赤軍によって東京が陥落させられることは自明であった。海上自衛隊による米軍来援支援の任務は、日本の死命を制した。主敵は獰猛なソ連潜水艦隊であった。

日欧米列強と同じことをやってみたい

1990年代、ソ連が崩壊した後、アジアに緊張をもたらしたのは北朝鮮の核兵器開発問題であった。日本は広島、長崎の思い出が強く、核兵器には全く食指が動かなかったが、核武装を欲した韓国、台湾ともに、核不拡散体制をリードする米国の強い圧力の下で核の野心を放棄した。

ところが、中国は北朝鮮に核を放棄させなかった。北朝鮮は核武装を実現しつつあった。米国は強く反発した。米国の経済制裁に反発した北朝鮮が暴発することも考えられた。時の小渕恵三総理は、日本周辺の安全保障を在日米軍だけに任せるわけにはいかないとして、周辺事態法を制定し、日米防衛ガイドラインを改定して、対米軍後方支援作戦を可能とした。小渕総理の英断により、日本が狭い日本防衛の枠組みを出て、米国に委ねていた日本周辺の有事対応へと一歩を踏み出すこととなった。日本周辺の地域の安全保障に関して、日米の任務と役割がより対等になったのである。

そして21世紀である。中国は19世紀を思わせる拡張主義に走り、南シナ海、中印国境、尖閣諸島で実力を行使し始めた。中国外交は、19世紀の弱肉強食時代に、日欧米列強の棍棒外交と拡張主義の犠牲となった過去を忘れていない。そして、自らが天駆ける巨竜となった今日、自分が同じことをやってみたいと思うようになったのである。

それはちょうど、欧米列強の進出に総毛立ち、人種差別に憤りながら富国強兵に成功した日本が、欧米列強の帝国主義の真似をして対華21カ条の要求を出し、共に中国の権益を貪ろうとしたのと同じである。ルールなき社会で痛めつけられた思い出は「自分が強くなったのだから、やり返して何が悪い」という復讐の感情を生む。

初めて問われる南西正面の防衛

中国の巨大化と毛沢東の再来のような習近平を目の当たりにして、台湾と尖閣が急速に日本の戦略的焦点となり始めた。日本が南西方面に戦略的関心を移すのは、台湾を放棄して以来、初めてのことである。日本列島は稚内から鹿児島まで2000キロ、鹿児島から与那国まで1000キロである。南端の1000キロは太平洋と東シナ海を隔てる南西諸島である。陸海空の統合作戦と米軍との連携で、南西諸島を中国軍から守るのは初めてである。

歴史的に見ても、日本の南西正面の戦略環境は恵まれていた。日清戦争では日本と清が覇権を争ったのは朝鮮半島を巡ってであった。台湾併合後は、ベトナムを押さえたフランスと南シナ海を挟んで睨み合い、南沙諸島を日仏で奪い合う情勢だったが、フランスの主たる関心は台湾ではなく中国南部に向いていたので、フランスは日本に対する直接の脅威にはならなかった。太平洋戦争後の数次にわたる台湾危機は米軍が中国軍を一蹴した。長い間、台湾は日本の真剣な戦略関心の対象にはならなかった。

今、天を衝く中国の台頭を前に、また、垂れ込め始めた台湾有事の暗雲を前に、戦後、初めて南西正面の防衛が問われている。

南西正面は防衛の難しい島嶼《とうしょ》の多い大海原である。海上自衛隊、航空自衛隊はもともと機動力が高い。航空自衛隊は、2017年、南西航空混成団を北部、中部、西部の本土の3方面隊と同格の南西航空方面隊に格上げした。F35の導入、F15のバージョンアップも進む。射程1000キロの対地ミサイルも装備し始めた。航空自衛隊は新設の宇宙作戦隊の主力でもある。海上自衛隊は得意の潜水艦戦、対潜水艦戦に注力するとともに、数の上で米海軍に匹敵する規模となった中国海軍に平時から水上勢力の圧倒的優勢を奪われないように、フリゲート艦クラスの「もがみ型」護衛艦(FFM)の建造に着手した。

特筆するべきは、25大綱(平成25年末に採択された防衛大綱)における陸上自衛隊の変貌である。岩田清文陸幕長(当時)の英断で、陸上自衛隊は南西重視のために劇的な機動力向上を図ることになった。北海道と九州を除く虎の子の戦車を全廃し、キャタピラのない機動装甲車に代えた。軽量にして運びやすくするためである。長崎の相浦《あいのうら》には、戦後初めて海兵隊機能を持つ旅団規模の水陸機動団が創設された。

安倍総理、麻生副総理が国家安全保障会議(NSC)を使って主導した30大綱(平成30年に採択された防衛大綱)の検討は、安倍総理の「勝てるんですか」、麻生副総理の「おもちゃの兵隊じゃねぇんだから」という厳しい指導から始まった。勝てる自衛隊を作るにはどうしたらよいのかという発想で、初めて作られたのが30大綱である。それまでは三木内閣の初代防衛大綱（1976年）で策定された「敵を想定せず、他国に脅威を与えない、最低限の基盤的防衛力」さえ整備すればよいという、およそ軍隊としては非論理的な考え方が罷《まか》り通ってきた。

自衛は脅威対抗である。自衛なのだから、当然、相手によって必要な防衛力は変わる。最低限の基盤的防衛力という考え方は、一定程度の烈度になれば国民を見捨てるという無責任な敗北主義であり、自衛の論理としては最初から破綻していた。

30大綱の特色は、陸海空の伝統的な3次元の発想を超えて、新しい戦場となった宇宙空間、サイバー空間に踏み込んだことである。現在の戦争は、宇宙空間、サイバー空間を駆使している。経済安全保障のところで改めて取り上げたいが、20世紀の戦争のやり方にしがみついていては一瞬で負けてしまう。自衛隊もようやく周回遅れで世界の一線の軍隊の水準を追いかけ始めた。

これから問われるのは、もうすぐ韓国に抜かれる防衛費である。韓国の経済規模は日本の3分の1に満たない。防衛費のGDP比は3％弱である。日本の防衛費は、5兆350 0億で、英仏独並みであり、決して小さいとは言えないが、米国が80兆円の防衛費をもって地域の安全にコミットしており、中国が毎年2桁伸びる軍事費を積み上げて、すでに25

兆円を軍備増強に使用している（おそらく10兆円規模であろう研究開発費は含まれていない）。

少子高齢化と財政難に苦しむ日本であるが、コロナ対策では88兆円をポンと出した。年間80兆円の国防費を計上する米国が、日本の防衛負担は不公平だと考えれば、日本防衛に本気でコミットしないであろう。

台湾有事において、米軍が台湾と日本のいずれに主力を振り向けるかといえば、とりあえず中国軍の猛攻を受ける台湾であろう。その時、日本が自分自身の防衛努力をきちんとしていなければ、いくら米国に甘えたとしても色よい返事は出てこないだろう。自分を守るのは自分である。生殺与奪《せいさつよだつ》の権は決して他国に渡してはならない。足りないところを同盟国に頼むのである。６兆円の防衛費は当然であろう。ＮＡＴＯ水準であるＧＤＰ２％ならば、本来、10兆円が日本に相応しい防衛費の額なのである。

中距離ミサイル問題（敵基地攻撃能力問題）をどう考えるか

中距離ミサイルの導入問題が姦《かしま》しくなってきた。戦後３四半世紀、この問題が論じられなかったところに日本の戦略論の大きな歪みを感じる。この問題は、（ア）米露のＩＮＦ（中距離ミサイル）条約廃棄によって復活する米国の核・非核両用中距離ミサイル、特に地上配備の核・非核両用中距離ミサイルを日本に受け入れるかという問題と、（イ）日本自身が通常弾頭の中距離ミサイルを導入するかという問題に分けて考える必要がある。

安倍総理が退任前に「敵基地攻撃能力の問題を真面目に考えてほしい」と問題提起されて以来、日本で姦しく論じられ始めたのは、日本自身の中距離ミサイルで敵基地を攻撃するかという後者の問題である。ここでは、まずこの問題から論じてみよう。

今のミサイル防衛システムは歯が立たない

日本は、1990年代に北朝鮮の核兵器及びミサイル開発が進み始めたとき、ミサイル防衛の導入を決めた。北朝鮮に対しては、韓国が抑えになっているので、日本にとって北朝鮮の主たる脅威といえば弾道ミサイルだったからである。

しかし、ミサイル防衛は、真剣白刃取りの世界である。飛んでくるミサイルが1発、2発であれば止まるが、一度に10発撃たれれば全てを迎撃することは難しい。特に、数十から数百発といったような飽和攻撃をかけられればとても対応できない。国民に大きな被害が出る。それに加えて最近では変則軌道ミサイルとか、マッハ5を超える極超音速ミサイル等が登場し、ミサイル防衛システムによる迎撃を非常に難しくしている。

また、北朝鮮は時折、ロフテッド攻撃（仰角を大きくしてほぼ真上に打ち上げ、落下速度を上げてミサイル防衛を破る撃ち方）をやってみせる。こうなると、今のミサイル防衛システムは歯が立たない。

核兵器国であるロシア、中国、北朝鮮のみならず、韓国、台湾も中距離の弾道ミサイル、巡航ミサイルを多数保有している。北東アジアは、世界で最も厳しい核やミサイルの一大集積地なのである。このメキシカン・スタンドオフ（複数の者が互いに武器を突きつけ合って身動きが取れなくなった状態）、ミサイルの乱取り稽古の道場のような戦域に、一人だけ真剣白刃取りで臨もうというのが非核兵器国の日本である。それは国民に対して、あまりに無責任ではないか。

米国は、山ほどの核・非核の各種ミサイルを持っている上で、ミサイル防衛を導入している。機関銃から小銃まで揃えた上で防弾チョッキを着ているのである。日本は、防弾チョッキしか持っていない。防弾チョッキは、頭と腕と足は守ってくれない。それも恐ろしく高価なプラチナ製の防弾チョッキである。戦争の経済学は、敵によりたくさんお金を使わせるのが基本である。一発数千万円くらいのおんぼろミサイルに、一発数十億円の迎撃ミサイルだけを準備するというのは防衛戦略としては愚かである。盾と矛をバランス良く持つべきなのである。

敵基地攻撃といっても、最近のミサイルはそう簡単に発射前に破壊できるものではない。おそらく日頃は洞窟の中や地下倉庫にしまわれているであろうし、発射の際にはＴＥ

Lという発射台付き車両に載せて闇夜の森の中を走り回る。発射前の先制攻撃などできはしない。基本の考え方は、もしミサイルを日本に打ち込んだら、敵のミサイル発射台ではなく、関連の敵基地に対して、比例原則に応じて反撃するということである。軍事的には、反撃の意志と能力を見せつけることによって抑止が可能になる。

撃たれたら撃ち返すと言っているのだから、個別的自衛権の範囲内である。冷戦中の日本社会党の非武装中立論のように、丸裸になって懇願すれば平和が訪れるというようなことは、現実世界ではあり得ない。

日本はすでにF15搭載の1000キロメートルの空対地中距離ミサイルを持っている。離島防衛用である。中国空軍の持っている空対空ミサイルの射程は長い。敵機の射程外から撃たなければ航空自衛隊の戦闘機は皆殺しにされる。射程の短いミサイルを持った戦闘機が、射程の長い敵戦闘機に近づくことは、長槍の部隊に果物ナイフを振りかざして攻めかかるのと同じ自殺行為である。

だから射程1000キロの空対地ミサイルの所有が認められているのであるが、日本領土に着上陸した敵にしか使ってはいけないという縛りがかかっているところが愚かである。戦闘は、できるだけ敵に近いところ、味方や国民から遠いところで行うのが常識である。敵を引きつけて戦うということは、それだけ味方と国民の被害が増えるということである。日本の海岸に上がってくるまで撃ってはいけないという中距離ミサイルとは一体何なのだろうか。

安倍総理が退任前にいわれたように、日本がミサイル攻撃されたら敵基地を叩くことが自衛の王道である。9・11のテロ攻撃の後にNATO軍によるアフガニスタン戦争が始まるとき、ブッシュ大統領は「戦場は敵地だ（bring the war to the enemy）」と叫んだ。それが軍事の常識である。反撃の構えを取ることによって初めて実効的な抑止が可能となるのである。反撃しない国が抑止力を発揮できるはずがない。

今、陸上自衛隊も、長い間、何の理屈もなく押し付けられてきたミサイルの射程200キロという制限を解除され、徐々に地対艦、地対空のミサイル能力を向上させつつある。南西方面の島嶼防衛は命がけの任務である。その厳しい任務を担う陸上自衛隊としては、射程の長いミサイルを入れるというのは当然の措置であろう。陸上自衛隊の中距離ミサイルの開発配備を急ぐべきである。

ちなみに200キロの射程というのは、500キロを上限とする短距離ミサイルの中でも極めて短い射程の部類である。果物ナイフのようなミサイルである。これで陸上自衛隊に現代戦を戦えという人の気が知れない。国民や自衛官の命を弄ぶ空想的平和主義に溺れているのではないか。

陸上自衛隊の沖縄防衛の決意は固い。戦前の帝国陸軍は、太平洋戦争末期、沖縄を本土の盾にして10万人の県民を犠牲にした。その犠牲は本来、必要ないはずだった。すでに海軍は完敗しており、原爆は完成しつつあり、ソ連は参戦の意思を固めており、勝敗はすでに決していた。にもかかわらず局地的な総力戦を試み、本来ならば戦闘から隔離して保護せねばならない文民を、女性や子供まで駆り出して、飯炊きや輸送などの兵站分野で利用した。そうなれば文民といえども軍事目標となる。そうして10万人の沖縄の人々が死んだ。

21世紀の「南方領土問題」は許されない

今日の陸上自衛隊は、今度こそ、絶対に沖縄の住民を守り抜く覚悟である。与那国、宮古、石垣に陸上自衛隊の基地が開き始めているのは、その決意の証である。陸上自衛隊は、守るべき島からは死んでも引かないであろう。しかし、中国の戦力は海空で圧倒的である。米軍も直ちに来援できるわけではなく、また、米軍の主力は台湾防衛に割かれるであろう。A2AD（接近阻止・領域拒否）戦略を取る中国は、米軍の接近を阻止するために飛び道具を多用する。米海軍が押し込まれれば、海上自衛隊も同じように押し下げられることになる。

海上優勢、航空優勢が失われれば、先島等の島嶼はむき出しとなり、中国軍が上陸するかもしれない。住民が被害を受けない保証はない。もし陸上自衛隊が無力化されて、島嶼を奪われれば何が起きるか。紛争後、中国に編入されるかもしれない。米中両核大国は、核の応酬には絶対に進まない。台湾有事であろうと、尖閣有事であろうと、どこか途中で必ず終わる。終わったときに各々の陸上軍のいるところが、事実上、新しい国境になる。それは北方領土と同じである。

スターリンは、8月15日の後も、米軍がいない北方領土まで兵を進めて領土を広げた。彼は、大西洋憲章を承認し領土不拡大原則を掲げた連合国の中で、ただ一人その理想を裏切り、一貫して19世紀的な領土拡大を求めていた確信犯である。北方領土は日本政府の厳しい抗議にもかかわらず、戦後75年経った今も返ってこない。21世紀に南方領土問題を作り出すことは許されない。

先に述べた通り、陸海空の統合運用は理想の形からは程遠い。台湾有事において、陸上自衛隊、海上自衛隊、航空自衛隊は、不確かな海上優勢、航空優勢の中で、どうやって統合作戦を実施するのか。

後に尖閣有事に関連して改めて詳しく述べるが、特に難しいのは、グレーゾーンにおいて、中国が海警を海軍と取り交ぜて使おうとすることへの対処である。日本では海上保安庁という文民と海上自衛隊という戦闘員は峻別されており、平時に分類されるグレーゾーンにおいては、前者は国土交通大臣の指揮下にあり、後者は防衛大臣の指揮下にある。有事となって防衛出動がかかれば海上保安庁は自衛隊の統制下に入る。しかし、海上保安庁法25条は海上保安庁は軍隊ではないと明記している。海上自衛隊と海上保安庁をどう共同運用するか、国交大臣と防衛大臣の上に立ち、軍事指揮権を有している総理の判断事項である。

文明国では戦闘員と文民は峻別する。文民は守るべきものであって、戦闘をさせてはならない。海上保安庁の巡視船であっても、仮に輸送等の自衛隊支援をすれば当然軍事目標になる。実際には戦域にいるだけで撃たれるであろう。

そうであれば海上自衛隊が海上保安庁を守るのが筋である。文民警察の海上保安庁を軍事的な戦闘に放り込むというのは発想が逆であり、危険すぎる。先進国のやることではない。しかし中国は先進文明国とは程遠い旧来のゲリラ戦を好む。現場では中国海軍も、海警も、さらには民兵も入り乱れて戦闘に加わるかもしれない。中国海警の最大装備は火力統制システムを備えた76ミリ砲であり、軍艦そのものである。フリゲート艦を白く塗っただけのものもある。

この中国の海上ゲリラ戦術、海上便衣兵勢力に対して、日本は海上自衛隊と海上保安庁をどう使うのか。いつ戦場で入れ替えるのか。有事における海上保安庁の任務は何か。海上自衛隊の護衛艦は文民である海上保安庁の巡視船を守れるのか。

それは最高指導者である総理の重い決断事項である。最高指導者が有事や軍事から目を背けることは許されない。早急に台湾有事や尖閣有事の統合作戦骨子を作って、総理に予め決断を求める閣僚レベルの演習を繰り返さなくてはならない。それは頻繁に入れ替わる日本の総理が、総理の椅子に座って最初に考えるべきことの一つでなくてはならない。

米国による中距離ミサイルの日本持ち込み

他方、米国の中距離ミサイルの日本搬入は、核抑止戦略の一環として議論するべき問題である。通常弾頭のミサイルであれば、日本が導入していくのに合わせて議論していけばよい。問題は、まだ実用化されていない地上発射の核・非核両用トマホークのような中距離ミサイルの日本導入である。

米国は、ＩＮＦ条約を破棄して中距離ミサイルの配備に関する制約を外した。直接の理由は、ロシアによる条約違反である。ロシアは小型核の先制使用を公言しており、中距離ミサイルの開発を進めている。開発と配備は紙一重である。ＩＮＦ条約は中距離ミサイルの配備を禁じているが、実際は、配備しながらバージョンアップして開発を続けるというのが実態である。米国はそこに噛み付いた。

しかし、米露両国ともＩＮＦ条約廃棄の本当の狙いは中国であろう。ＩＮＦ条約による中距離ミサイル全廃は、１９８０年代のユーロミサイル問題に端を発する。ソ連（ロシア）は東欧にＳＳ20と呼ばれる中距離弾道核ミサイルを持ち込もうとした。激しく反発したのがドイツ（当時の西ドイツ）のシュミット首相である。ソ連から見れば、英仏の核兵器がＮＡＴＯにあるのであるから、自分たちも中距離ミサイルを持ち込む権利があると考えたのであろうが、独自の核兵器を持たないドイツは、自分たちだけが核ミサイルの標的になると恐怖したのである。

核兵器国は核兵器国を核攻撃しない。核大国は、皆、第二撃能力を備えている。第二撃能力とは、敵の第一撃の核攻撃によって首都と地上の軍事施設を全て破壊されても、水中発射や空中発射の核ミサイルで敵に耐えがたい被害を与える能力のことである。

敗戦国のドイツにはその核がない。ソ連がＳＳ20を使うとしたら、ＮＡＴＯ最前線にあるドイツではないかと恐怖したのである。ドイツがソ連の核攻撃で荒廃したら、同盟国としての価値はなくなる。その時、ワシントンはニューヨークを犠牲にしてまでサンクトペテルブルク（当時のレニングラード）を核攻撃するだろうか。しないのではないか。非核の同盟国に付きまとって離れない妖怪のような恐怖が出たのである。非核兵器国の同盟国が米国の核の傘に対して、たとえわずかでも猜疑心を持てば、必ず起きるデカップリング現象である。

シュミット首相は、レーガン大統領を巻き込んで、パーシング2核搭載巡航ミサイルの導入を試み、それを交渉カードにしてSS20の配備を阻止しようとした。ゴルバチョフソ連共産党書記長は、それならばSS20を極東に移動するとの案を考えたが、これに激高したのが中曽根康弘総理である。盟友のレーガン大統領を説得して、INF（中距離ミサイル）の全廃に持ち込んだ。ゼロオプションである。

日本は世界で最も危険な核の谷間

この時、中国はまだ経済発展の緒についたばかりで、国際政治の主要プレーヤーではなかった。しかし、2010年代に入ると、中国は日本の経済力を抜いて世界第二の経済大国に上り詰め、巨額の軍事費を使って大軍拡に入った。中国は、核兵器の分野では米国を刺激し得る大陸間弾道弾の次元でこそ控えめであったが、日本のような北東アジアの同盟国や米国の出城ともいうべきグアムやハワイを目標にした中距離ミサイルの増強は著しかった。ヨーロッパ用にテーラーメイドされたINF条約が前提とする核の地政学が、大きく崩れ始めたのである。米露共に中国抜きのINF条約には魅力を感じなくなっていたはずである。

日本も核戦略を真剣に考える時代になった。日本を取り巻く核の環境は激変した。今、日本は世界で最も危険な核の谷間にある。ロシアは核の小型化の開発配備と先制攻撃を公式なドクトリンとして公表している。

中国は、日本やグアムを射程に入れた核搭載可能な中距離ミサイル配備に余念がない。そして北朝鮮までもが核兵器の開発配備に成功している。核兵器は、たとえ一発東京に落ちたとしても、日本の息の根は止まる。米国の同盟国としての価値もなくなる。その力をプーチン大統領、習近平主席のみならず、世界最貧国の独裁国家である北朝鮮の指導者、金正恩が手中にしているのである。

核兵器の使用を思い止まらせるためには、核の報復しかない。冷戦後の日本は、それを主として米国の戦略核に依存してきた。思考を停止した無条件の依存であった。核問題を死活問題と考えてきたドイツとは対照的である。

米欧関係において、核問題とは、単なる核抑止力理論に関する座学ではない。ドイツ独立問題、NATO創設問題、核不拡散体制護持の問題、軍事的標的選定等と常に密接に絡んだ最重要な外交軍事案件であった。

特に、東西に分かれたドイツでは、西ドイツ社民党（SPD）もゴーデスベルク綱領で西側の一員として立ち位置を明確に取り、現実的な安全保障政策を取っていた。ドイツは、粘りに粘ってＮＡＴＯ核（ドイツと米国が使用を了解しないと撃てないＮＡＴＯが独自運用する核兵器。配備と運用の双方についてドイツには権限がある）を実現した。核のシェアリングである。

国対政治に埋もれた国家と国民の安全

広島、長崎という核の悲劇を経験した日本では、逆に核抑止の議論が封印された。日本社会党は、ドイツ社民党のゴーデスベルク綱領のような西側の一員としての戦略的立ち位置を取らない。戦後の価値観の真空の中で、国際冷戦が国内冷戦に転化した後は、忠実なモスクワの娘であり続けた。

日本の安保論争は、ドイツのような現実主義に立脚したものではなく、米国を選ぶか、ソ連を選ぶかという入り口の体制選択論争の次元を出なかった。自由民主党が日米同盟強化と防衛力増強を叫べば、日本社会党は非武装中立を叫んだ。非武装中立とは、自衛隊弱体化と米軍撤収と同義であり、ソ連の利益そのものであった。安全保障論議は、空疎な激突国会劇場に堕落し、その裏では蔓延《はびこ》る金権政治の中で、自民党と社会党の裏取引（国対政治）が発達した。いつしか、日本の安全保障論議の実質は真空のように希薄となり、社会党を刺激するなという雰囲気が醸成された。国家と国民の安全は、国対政治の中に埋もれてしまった。核時代における日本民族の存亡という最も大切な論点が抜け落ちたのである。

核抑止論議の欠如は、その最たるものである。日本で核兵器の問題を真剣に考えたのは、核不拡散条約加入のときに、核を放棄して本当に日本の安全を守れるのかと突き上げた一部の自民党議員と、ＩＮＦ全廃への道を開いた中曽根総理だけである。他の総理は、核兵器の問題から逃げ続けた。ドイツ人を始めとするヨーロッパ人は、あらゆる角度から米国の核の傘の信頼性を疑い、ＮＡＴＯを主導する米国を悩ませ続けてきたが、日本の総理が核の傘の信頼性について米国大統領に質したことは、ついに一度もなかった。核問題に関して、ドイツの国家としての生存本能が全開となっているとき、日本のそれは微睡《まどろ》んでいた。

今や戦略環境は劇的に変わった。冷戦当時、武装解除せず巨大な赤軍を東欧に保持したままのソ連を見て、米国は焦って大量の核兵器をドイツに持ち込んだ。カウンターバリュー（対価値。都市や工業地帯への攻撃）の大量報復戦略である。その後、米ソ間では相互検証による最低限の透明性と信頼性が確立され、相互確証破壊による冷たい安定が実現した。核兵器は進化し、核戦略は洗練され、柔軟対応戦略、カウンターフォース（対兵力。

軍事目標への攻撃）へと移っていった。

その頃、日本は40万兵力を誇る極東ソ連軍の重圧に直面していたが、所詮、無人のシベリアはロシアにとって巨大な甲羅のようなものであり、欧州戦線とは無関係に極東ソ連軍が単独で北海道を侵略するとは考えられなかった。欧州ではNATOがしっかりとソ連の頭を抑えていた。中国はまだ弱く、北朝鮮は朝鮮戦争で疲弊していた。70年代には中国がソ連と袂《たもと》を分かち、西側のパートナーとして転がり込んできた。核兵器、通常兵器の双方で、厳しい赤軍の重圧に耐えていた欧州から見れば、日本の戦略環境は、とても恵まれたものに見えたであろう。

矛先は日米同盟だけ

しかし、今や、ソ連に代わり、中国が自由主義的国際秩序への巨大な挑戦者として登場しつつある。中国が運命共同体として唱える独自の勢力圏の内実は、大清帝国のように、中国の独裁体制を頂点として、周囲に朝貢国家を従えるという古色蒼然とした中華帝国の復活である。今の習近平には、それしか思いつかないのであろう。中国の経済力は巨大であり、早晩、米国に追いつく。ソ連は中国の倍の面積があり、ユーラシア大陸に跨っていたから、欧州正面をNATOで抑え、北極海越しに米国が核ミサイルで狙いを定め、北東アジアでは日米同盟がソ連を背後から抑えていた。

しかし、ユーラシア大陸を東西に跨る巨軀の熊のようなロシアと異なり、中国という竜の尾は短い。ヨーロッパからは物理的に見えない。欧州人の目には直接の脅威とは映らない。しばらく前まで、きらきら光る竜の黄金の鱗の輝きだけが目に入っていた。中国が全力で矛先を向けるのは、台湾を勢力下に収める日米同盟だけなのである。

1段目から上るのを止めさせる

日本が米国と戦ったとき、日本の産業力は米国の10分の1と言われた。ナチスドイツでさえ3分の1と言われた。10年後、中国は、米国と並ぶ大きさになる。日本から、台湾から、米国は遠い。太平洋を挟んで1万キロの彼方である。米国の大兵力を運ぶのは船である。飛行機の積載重量は小さいから、大軍は運べない。航空機やミサイルだけでは戦争は終わらない。最後は陸軍の投入によって敵を屈伏させなくてはならない。しかし船の時速は数十キロである。米陸軍、海兵隊の本格来援には時間がかかる。

中国は、米国以外に並ぶものがない通常戦力を実現した。そして中国は台湾にも日本にも近い。圧倒的な通常戦力と、一衣帯水の距離にある中国を抑止する方法は、最終的には米国の核の傘しかない。中国に対して、小さな紛争でもエスカレートすれば核の応酬になると思わせることが必要である。そのためには中国の巨大な通常戦力によるエスカレーションに対して、日米同盟側も通常戦力のしっかりとしたエスカレーションの階段を組む必要がある。十分な兵力で柔軟に対応する必要があるのである。

抑止を万全にするには、エスカレーションの階段は緻密に組まなくてはならない。中国側のエスカレーションの階段が10段であり、こちら側の階段が3段しかなければ、中国は、こちら側の1段目までするすると上がってくる。こちらがエスカレーションを恐れて手出しできないと考えるからである。2段目も同じである。柔軟対応戦略とは、敵側のエスカレーションの階段と同じ段数の階段を持ち、相手が階段を上れば直ちに同じ段数の階段を上り、その階段の行きつくところが核の応酬であると相手方に理解させ、最初の1段目から上るのを諦めさせるということである。

なお、中国の圧倒的な通常兵力を考えれば、日米同盟側が核の先制使用を放棄することは許されない。

台湾防衛と核の傘

問題は、台湾への核の傘の提供である。核兵器開発の放棄は、核不拡散体制の実現を目指す米国が同盟国に対して、自分の核の傘の提供と引き換えに強要したものである。しかし、台湾は、米中国交正常化により「中華民国」政府の地位を失った時点で、米国との同盟関係を失った。核の傘も失った。米国の台湾防衛の意志は、中国に対して曖昧なままである。「曖昧戦略」と言われ、長い間、米国の対中基本政策とされてきた。

しかし、こちらが曖昧であろうとなかろうと、中国の台湾侵略の意志は明確であり、習近平も歴史的使命だと公言している。そして中国軍の大軍拡も止まるところを知らない。米国の曖昧政策は、将来、米国が核の傘を台湾に差しかけると明言するときに終わるのではないだろうか。

日米首脳会談で核の問題を取り上げよ

このような状況で、日本は、引き続き核問題に目を瞑るのだろうか。核の廃絶は追求せねばならない理想であるが、足元の核の安全保障も国民に対する政府の責任である。このまま政府最高レベルで核の無知を押し通すことはあまりに無責任であろう。核問題は、国家最高レベルの安全保障問題であり、ドイツがやったように首脳同士で話し合わなければ意味がない。日米首脳会談で核抑止の問題を取り上げる時期に来ているのである。

台湾有事は日本有事になり得る。核問題にあまりに無関心だった日本は、再度、自問する必要がある。日本に対する核攻撃に対して、その反撃を米国の戦略核に一方的に依存することが本当に国民の安全にとって正しい選択だろうか、ドイツのように、米国の核を日本領土に持ち込ませ、その配備と運用に日本が一枚噛むほうが、よほど抑止力が上がるのではないだろうか、と。あるいは圧倒的な中国の通常戦力に対して、あらゆる手段の（すなわち核使用を含む）反撃があり得ると踏み込むべきではないだろうか、と。

仮に将来、米国が地上配備の核・非核ミサイルを日本に持ち込むことになれば、勝手に日本領土から核兵器を使うなという権利は当然、日本にある。どこに撃ち込むのかと尋ねる権利もある。さらに、米国が日本配備の核兵器を実際に使うときは、日本が高い確率で滅亡するときであるから、日本にも核の運用をシェアリングせよという権利がある。それこそが冷戦初期からドイツが必死にやってきたことである。核シェアリングの話は、決して遠い将来の夢物語ではない。

核アレルギーがない韓国

核戦略は、個別の紛争にテーラーメイドして考えなければ、ただの抽象的な座学である。観念遊戯である。日本も具体的な紛争シナリオの中で、そして首脳レベルで、核抑止力の問題を真剣に考える時期に来ている。

最近、ＡＵＫＵＳ（米英豪）の枠組みで、豪州が原子力潜水艦の取得や防衛技術協力を進めることで合意した。核問題は、日米だけで議論して済む話ではない。日本とAUKUSという枠組みでも議論するべき話である。韓国は、核に対するアレルギーがない。もし日本より早く韓国に地上配備の核・非核中距離ミサイルが持ち込まれたら、日米同盟より先に、韓国のほうが対米核協議を深めていくかもしれない。台湾ともどこかで話をしなくてはいけないはずである。

日中共同声明と台湾問題

日本も、米国も、国交正常化の際に、中国の正統政府を台北から北京に切り替えた。それは台湾海峡の平和と安定が維持され、台湾統一は平和的方法によるということを前提としていた。日本も、米国も、中国に対して、戦後一貫して西側の勢力圏にある台湾の武力併合を認めたことはない。

1972年、田中角栄総理が周恩来首相と署名した日中共同声明の第3項は、「中華人民共和国政府は、台湾が中華人民共和国の領土の不可分の一部であることを重ねて表明する。日本国政府は、この中華人民共和国政府の立場を十分理解し、尊重し、ポツダム宣言第8項に基づく立場を堅持する」と述べている。【注】

日本側がポツダム宣言第8項に言及しているのは、ポツダム宣言第8項がカイロ宣言の履行を謳っており（「カイロ」宣言ノ条項ハ履行セラルベク又日本国ノ主権ハ本州、北海道、九州及四国竝ニ吾等ノ決定スル諸小島ニ局限セラルベシ）、カイロ宣言ではルーズベルト大統領とチャーチル首相が蔣介石に台湾の中国返還を約束しているからである。

日本はポツダム宣言第8項に基づく立場を堅持すると述べているが、カイロ宣言は、戦時中の戦勝国間の領土処理の約束の一つであり、その内容は敗戦国である日本との平和条約によって確定されねばならない。平和条約では、日本は台湾を放棄したので、その帰属先をどうこう言える立場にない。日本は、カイロ宣言で台湾が中国に戻されるはずだったという経緯を十分認識している（が日本は放棄してしまったので、その帰属を云々する立場にない）と言っているのである。日本が、台湾が中国領土の一部であると認めたことはない。

台湾海峡の平和と安定が維持される限り、そして台湾問題が平和裏に解決される限り、中国の唯一の代表政府が北京であることに異議を唱えないというのが日中共同宣言の主眼である。中国の台湾に対する一方的な武力行使は、共同宣言の土台を破壊する。

【注】日中共同声明を起草した栗山尚一外務次官の日中共同宣言起草過程に関する下記論文は、現場で日中共同声明の起草に当たった当事者が残したとても重要な資料である。『早稲田法學』74巻4-1号（1999年）「日中国交正常化」。https://waseda.repo.nii.ac.jp/index.

php?action=repository_action_common_download&item_id=8585&item_no=1&attribute_id=162&file_no=1&page_id=13&block_id=21)

将来の米中核軍備管理へ向けて

中国がこのまま巨大化し、台湾侵略のための軍拡が続けば、米中両国の軍事的緊張は高まり続け、両国の核対峙は、やがて冷戦時代の米国とソ連のレベルの緊張に至るであろう。そうなれば中国も核大国として、偶発的な紛争発生を避け、相互確証破壊の下で戦略的関係を安定させる責任が出てくる。米中両国による相手国内での検証を含む最低限の透明性の確保と信頼醸成が必要になる。冷戦中に米ソ両国がやってきたような軍備管理交渉が必要になるのである。現在も米露間で継続されている新ＳＴＡＲＴ（新戦略兵器削減条約）の検証枠組みに、中国を招き入れることも一案であろう。そうなって初めて台湾海峡に平和が訪れる。それは冷戦中の西ベルリンや朝鮮半島のＤＭＺの静けさを思わせる、冷たい平和となる。冷たい平和が真の温かい平和に変わる日は、中国の民主化まで訪れることはないであろう。

コロナ敗戦と日本の危機管理体制

大正時代のスペイン風邪以来、100年ぶりに日本を襲った新型コロナウイルスは、日本の危機管理体制の脆弱さを浮き彫りにした。危機管理は、段取り8割の世界である。体を動かす仕事である。事前に打ち合わせた計画と、頻繁な練習をしていないと体が動かない。スポーツと同じである。座学だけでは意味がない。

災害は、あっという間に子供も大人も、老人も若者も、男性も女性も、容赦なく大量に死の淵に引きずり込む。大地震で数千、津波なら数万の人々の命が、瞬時に闇の中に吸い込まれて消えていく。多くの人々の幸せな日常が幻のように消える。それが災害である。秒単位、分単位の決断が迫られる。発災の直後に情報などない。特に夜間であればそうである。クラウゼヴィッツが「戦場には霧が出る」と言ったように、発災の瞬間の総理官邸にも霧が出る。情報過疎になるのである。

地震や洪水であれば、コンピューターや航空映像で一定の被害は把握できる。原発やダムの安全、停電戸数、断水戸数、電話の不通台数、河川の決壊場所などはすぐに把握できる。しかし、どの倒壊した家で、誰が生き埋めになっているかは、自衛官や、警官や、消防団員が、その場に行かなければ分からない。発災直後の総理官邸の焦燥感は激しい。全省庁の災害担当幹部が20分で総理官邸に参集する。「早く情報を上げろ」と怒号が飛ぶ。

総理官邸では、通称事態室（situation room）と呼ばれる内閣危機管理監、内閣官房副長官補（防衛担当）の指揮下にある組織が対応する。防衛大臣が所管する自衛隊、国家公安委員長が所管する警察、国土交通大臣が所管する水管理・国土保全局や海上保安庁、総務大臣が所管する消防団、発災のあった地方公共団体の首長と、指揮命令系統はバラバラであり、総理官邸で統括する必要があるのである。頻繁に起きる地震と洪水に対する事態室の機敏な対処能力は、私の知る限り世界水準で一流といってよい。

しかし、それを超える規模の厄災に日本政府は弱い。戦前の国家総動員で1000万兵士を動員し、民間人を含めて300万人を無駄死にさせた政府に対する国民の警戒心は消えていない。また、戦前弾圧された左派の人々の恨みと強い反権力志向も消えていない。戦後の日本政府は、いまだに強権発動に臆病である。予期せぬ大災害が起きると、権力中枢は「予想外」を連発して責任逃れを図り、現場の人間が死に物狂いになって働くというのがこの国の姿である。その結果、日本の組織に特有の「誰が決めているのか分からない」という総無責任体制が現出する。帝国政府末期と変わらぬ日本政治文化の宿痾《しゆくあ》である。

政府が今、最もやらねばならないにもかかわらず、全くやっていないのが有事の準備である。橋本龍太郎総理の危機管理監設置や安倍晋三総理の国家安全保障局設置等、制度は徐々に整ってきた。しかし制度を作るだけでは足りない。チームを編成するだけでは試合に勝てないのと一緒である。段取り8割である。日頃の計画策定と絶え間ない錬成だけが勝利を可能とする。危機対応も同じである。

しかも、日本政府は小さな野球チームとは異なる。自衛隊25万、警察30万、消防団100万、海上保安庁1万3000の大所帯である。力の官庁は、特にライバル意識が激しい。一番槍争い、功名争いは日常茶飯事である。総理官邸の中でも、文民中心の副長官補室が典雅な幕閣部屋の趣であるのに対して、危機管理を所掌する事態室は武者だまりのような荒ぶる雰囲気がする。この力の大集団を統制して手足のように使うのは並大抵のことではない。

それでは、台湾有事、尖閣有事に、日本政府はどう対応するのだろうか。

尖閣有事と危機管理体制

尖閣諸島周辺では、現在、非常時体制というべき尖閣専従体制を取って海上保安庁が中国海警公船の恒常的な主権侵犯行為を押し返している。石垣島の海上保安部は常時十数隻の巡視船を構え、横浜の第3管区海上保安本部を凌ぎそうな体制である。中国海軍隷下に入り、海軍軍人を局長に迎えた海警の総船舶数、操船技術、搭載武器を始めとする装備、いずれをとっても向上が著しく、海上保安庁は劣勢を跳ね返す懸命の努力をしている。

尖閣専従体制は、日本の海上警察が、領海に侵入する中国の海上警察を逮捕もせずに押し返すという不思議な仕事である。私が石垣海上保安部に激励を兼ねて視察に行ったとき、若手の職員から自分たちの仕事は密輸犯の逮捕のような普通の法執行でもないし、何なのでしょうか、という質問を受けた。現場の海上保安官も悩んでいるのであろう。それは領海警備そのものである。中国が卑怯にも海軍を使わずに巡視船をもって尖閣を巡る日本の領土主権を痛めつけようとしているのに対して、無用なエスカレートを避けるために、同じ海上警察である海上保安庁の巡視船に領土と領海を守ってもらっているのである。

習近平は海警の勢力を一気に3倍に上げて力押しに出た。現在、勢力は中国海警130隻対日本海保70弱という構図である。しかも中国の巡視船は最新鋭の新船ばかりである。軍艦を白く塗った船まである。

海上保安庁にかかる負担は非常に重い。島国である日本の海岸線は大陸国家の中国より遥かに長い。沿岸の原発警備から、日本海での北朝鮮の密漁船、不審船の取り締まりと業務は多忙であり、加えて広大な太平洋で病人が出れば、日本の病院に緊急搬送せねばならない。たった70隻弱の貧弱な体制でその仕事をこなしているのが海保である。安倍政権以前、海保の増強を真剣に考えたのは、200カイリ時代の到来に直面した福田赳夫総理大臣ただ一人である。海洋国家を名乗る日本としては、寂しい限りであった。

私が訪れたとき、石垣海上保安部には、退職前に尖閣を守っておきたいというシニアな職員と、海上保安庁に入ったからは尖閣を守りたいという若い職員が集まっていた。彼らの国を思う心に打たれた。武士《もののふ》の日本人らしく、現場は常に真摯であり、必死である。

中国は、やろうと思えば130隻を一気に集めて海保の壁を突き崩すことができる。また、日中平和条約交渉終盤の際や、第二次安倍政権で2016年に起きたように、民兵や特殊兵を乗せた中国漁船が数百隻の船団を組んで尖閣諸島に押しかけてくることもある。中国では近代海軍が立ち上がる前は、海上民兵が主力であった。彼らの勢力は健在である。プロの特殊兵が紛れ込むこともあり得る。漁船に乗り込んだ海上民兵が武装して尖閣諸島に一旦上陸すれば、追い払うのは大変である。訓練された特殊兵が紛れ込んでいれば、尖閣に投入された海上保安官や警察官は殲滅《せんめつ》されるかもしれない。

政治指導者の意識改革を

尖閣情勢は、このような戦時でもなく、平時でもないグレーゾーンと呼ばれる霧の中に置かれている。警察力を使って他国の領海を侵すなどということは、普通の一流の国は決してやらない。武力闘争は、正規軍だけが行うのであり、文民である警官を使って他国の領土領海を侵すのは毛沢東のようなゲリラがやることである。しかし、今の中国がやっているのはまさにそういうことである。

グレーゾーンの紛争の怖さは、中国が、数百の漁船と、数十の海警と、海軍艦艇を単一の人民解放軍指揮の下で自在に入り組ませて使えることである。それは文民と戦闘員の分離という国際人道法を全く無視したゲリラ戦である。日本では文民である海上保安庁が国土交通大臣の指揮下にあり、戦闘員である自衛官が防衛大臣の指揮下にある。その調整を行うのは総理官邸しかない。国家安全保障局と危機管理対応の事態室がその中核に来る。

実際に尖閣有事が起きるとき、そのシナリオは千差万別であろう。数百の漁船が民兵や特殊兵を乗せてある日突然やってくるかもしれない。あるいは台湾有事を奇貨として正規軍が一気に攻めてくるかもしれない。いずれにせよ現場で軍艦と巡視船が整然と入れ替わるとは考えにくい。現場で軍艦と巡視船が入り乱れれば、情報通信の繋がっている海保も海警も共に軍事目標となる。しかも、日本が先に海保の巡視船を引いて海上自衛隊を投入すれば、中国は日本が先に開戦したと、大量のフェイクニュースを世界にばらまくであろう。

そこまで考えて総合判断できる権限を持つのは、総理大臣一人である。総理官邸の国家安全保障局や事態室は、総理にその準備をしておいてもらうのが仕事である。それが真の帝王学である。NSCができて、防衛省、外務省、海上保安庁、警察もずいぶん風通しが良くなった。

残る問題は、いまだに頻繁に入れ替わる政治指導者の危機管理に対する意識改革であろう。不意の政局に伴って、突然、普通のおじさん、おばさんである国会議員が日本の最高指導者になるというのが議院内閣制の特徴である。特に日本は政局が多く、総理の平均在任期間は2年を切る。ハムスターでも3年生きる。日本の総理の平均寿命はハムスターより短い。しかも、政治主導の時代になり、いざというときに重い決断をし、それを国民に説得して団結を訴えることがリーダーの不可欠の要件となった。それができなければ、有事に及んで国民の信頼は失われ、政権は即死する。まだまだ真の危機管理への道のりは長い。

台湾有事と危機管理体制——それでは軍は動かせない

台湾有事は、尖閣有事の比ではない。総勢200万の大軍が最新鋭の装備で身を固めて、与那国からわずか100キロの台湾島に襲いかかることになる。そこで何が起きるのか。日本政府は何をせねばならないのか。3四半世紀の泰平を貪った日本である。想像力が働く日本人はほとんどいない。政権中枢も例外ではない。

台湾有事が始まれば、総理主宰の国家安全保障会議（4大臣会合及び9大臣会合）での協議を経て、同じく総理主宰の武力攻撃事態等対策本部を設置し、政府全体としての対処基本方針を定め、それを閣議に提出して、国会の承認を得る手はずとなっている。

正しくは、敵軍の出方を見て、友軍である米軍の出方を確認し、それに対応する自衛隊の出動の在り方を考えるのが第一である。戦争が始まっているのであるから当然である。防衛出動をかけて戦闘行動に入るのであれば、存立危機事態（集団的自衛権行使）か武力攻撃事態（個別的自衛権行使）かを選ぶことになる。米軍の後方支援に徹するのであれば、重要影響事態を選ぶことになる。

判断は瞬時になされなければならない。破壊と殺戮を目的とした敵は動いているのである。まず軍事的需要から、法律上の事態が選択される。その自衛隊の出動に合わせて、関係省庁が取るべき必要な事項を対処基本方針に書き込んでいく。そうして防衛出動等と併せて対処基本方針を国会承認にかけるのである。一気呵成に手続きを踏まねばならない。

残念ながら、日本政府では往々にして過剰な法律論議と官僚主義が横行しがちである。今でも「この事態は何々事態かな」という些末で抽象的な座学に興じる風潮が消えない。

理屈をたくさんつけて、武力攻撃事態なのか、存立危機事態なのか、重要影響事態なのかと延々と協議するのが頭の良い官僚である。それでは軍は動かせない。機を逸すれば負ける。軍を動かす権限があるのは総理大臣と防衛大臣と統幕長だけである。文民官僚ではない。

しかし、総理大臣に、自衛隊の出動形態を判断させることは容易ではない。だからこそ、閣僚を含めた日頃の訓練が大切なのである。日本では震災訓練は閣僚を含め全政府で熱心にやっているが、閣僚級の有事の訓練は皆無である。危機管理はスポーツと一緒で体を動かす仕事である。練習していなければ初動で総崩れになる。それがパンデミックの教訓である。

また、有事の際に、自衛隊に防衛出動（戦闘行動開始命令）がかかるとき、他の省庁は自分の役割が分かっているだろうか。残念ながらそうではない。電波、空港、鉄道、道路、病院など、軍事活動に優先順位を与えねばならない分野がたくさんある。国民保護も最重要な業務の一つである。日頃から訓練をしていなければ、とても巨大組織である日本政府は使えない。残念ながら、この分野の調整はいまだに遅々として進まない。多くの閣僚と省庁が関係する。平時しか考えていない法律上の制約もまだ多い。ここで大号令をかけることができるのは、やはり総理大臣だけである。

動脈を体外にむき出しにする無様

ここでは特に、二つの具体的問題を取り上げておきたい。

一つが、シーレーン防護である。太平洋戦争当時、真珠湾攻撃直後から米軍は日本商船隊殲滅作戦を開始した。艦隊決戦に武勲を追い求めた日本海軍は、輸送船として数千隻の商船を徴用しながら、まともな防護をしなかった。輸送艦隊防護など二流の提督の仕事だと思われていたのである。兵站軽視、文民軽視の極みのような体たらくであった。数万人の商船船員が海の藻屑と消えた。商船の船員の死亡率は、帝国海軍軍人よりも遥かに高かった。しかも戦後、何の賠償も遺族年金も支払われていない。捨て駒にされたのである。

戦後は日本経済の発展によりさらにシーレーンに対する依存が高まった。しかし、有事に及んでの海上自衛隊の商船隊防護作戦は、戦前同様、常に欠落したままだった。アデン湾の海賊対策で、近年、戦後初めて海上自衛隊が日本のタンカーを護衛し始めた。しかし、本格的有事におけるシーレーン防護の計画はいまだにない。100%近く石油を湾岸地域他の海外に依存しておいて、そのシーレーンを守らない国というのは、動脈を体外にむき出しに垂らして歩く猛獣のようなもので、滑稽を通り越して無様であり、悲惨である。

日本経済は壊滅、自衛隊も戦えなくなる

シーレーン防護には、日本郵船・商船三井・川崎汽船のような商船会社と、国交省海事局・資源エネルギー庁・海上自衛隊・海上保安庁の4省庁の協力が不可欠である。私が現役の頃、集まってみたが初顔合わせといった雰囲気だった。そりが合わないのである。

商船各社は、そもそも安全保障に関する政府の協議に冷淡だった。敵対的にさえ見えた会社もある。戦前の傷が深く残っているのである。海員組合ならもっとそうであろう。戦前の徴用の話ではなく、逆に有事における日本商船の航行安全確保を話したいのだが、戦後、政府から独立不羈で通した海の男たちは、安全保障の話になると、いまだにとても政府に対する猜疑心が強い。

資源エネルギー庁と国交省海事局が、シーレーン防護に関心があるかというとそうでもない。資源エネルギー庁は、石油ショック以来、石油危機に備えて石油や天然ガスの戦略備蓄に努めてきた。長年の努力が実って、約半年間、日本経済は「油断」に対応することができる。日本には毎日20万トンタンカーが15隻入港する。再生エネルギーが話題になる今日であるが、日本経済はいまだにクジラが水を飲むように石油を飲んでいるのである。

石油備蓄が切れれば、この数珠つなぎになっているタンカー群が日本の生命線となるの

だが、資源エネルギー庁から見れば、それは国交省の所管だということになる。縦割りなのである。

国交省海事局は、政府との安全保障上の協力を峻拒する雰囲気のある日本の商船会社との関係に腐心している。戦争中の傷跡から安全保障の話ができないので、1985年のプラザ合意による円の切り上げ以来、中韓に追い上げられて苦しんでいる海運、造船業に対する支援という形でしか介入できない。トン数税制という特殊な優遇税制で、有事にも3割の船舶の運用を確保しようとしている。努力はしているのだが、戦略備蓄が切れた後、石油の輸入量が3分の1になれば、発電と交通に重大な支障が出る。日本経済が壊滅するだけではなく、自衛隊も戦えなくなるであろう。資源エネルギー庁から見れば、そもそも噴飯ものの政策である。しかし縦割り行政のまま、何の調整もなされていない。それが現実である。

海上自衛隊はというと、戦後、有事の際の民間船舶防護など考えたこともないのが実態である。限られた予算と艦船・人員でソ連海軍と戦い、今はモンスターのようになった中国軍に備えなければならいのである。余裕がないというのが率直なところであろう。

海の男たちを守れ

もし台湾有事になれば、中国海軍が戦場にする南シナ海、バシー海峡は通れなくなる。ロンボク海峡から海賊が出るセレベス海を通らずに太平洋側に出て、第二列島線（硫黄島、小笠原諸島）のほうまで出るという大回りの航路を取らざるを得ない。太平洋戦争中の米海軍のように、日本を屈服させるにはむき出しの商船隊を叩くのが一番効果的である。今の日本は戦前よりもさらに発電と交通燃料のために石油に依存している。それだけではない。食糧も大きく海外に依存している。

中国海軍が、日本経済の血流ともいうべき石油を運ぶシーレーンで、数珠つなぎになっているタンカーを叩くことを考えても不思議はない。その危険を避けるには、硫黄島に連なる第二列島線まで商船隊を大回りさせる必要がある。その商船隊を防護する海上自衛隊の小艦隊が必要である。海上保安庁の偵察機も協力できるはずである。その検討を真剣に始めなくてはならない。

もう一度、日本政府が有事に及んで日本商船隊を見捨てれば、日本の海の男たちは、二度と政府を信用することはないであろう。これこそＮＳＣを主宰する総理が、国交大臣（国交省海事局・海上保安庁）、経産大臣（資源エネルギー庁）、防衛大臣（海上自衛隊）を指導して早急に対策をまとめるべき分野である。タンカーの護送船団（コンボイ）を組んで最新鋭の海上自衛隊の「もがみ」型新型護衛艦（フリゲート艦級）をエスコートさせることも真剣に考えてよい。

もう一つは、国民保護である。国を守るとは国民を守ることである。いかなる政治指導者も、国民の保護こそ第一に考えねばならない。そのための政治指導者である。帝国陸海軍は、国民を捨て石に使って300万の犠牲者を出した。それを陛下が望まれたか。そんなことは決してない。国民を守ろうとしない軍は負ける。国民の支持がない戦争は必ず負けるのである。

台湾有事の際には、高い確率で戦争に巻き込まれる先島諸島住民の保護と退避が問題になる。次に台湾にいる日本人の退避（非戦闘員退避作戦、NEO）が問題となる。最後に中国にいる企業などの在留邦人の退避が問題になる。

残念ながら、その検討は遅々として進んでいない。台湾有事が政府の中で急浮上したのは2021年春の菅義偉総理訪米からである。先島諸島からの退避は日本国内の話である。伊豆大島の火山噴火の際の退避のような大規模退避が必要となる可能性がある。今は災害対策基本法と国民保護法しか法的根拠がない。しかし台湾有事は自然災害ではないし、国民保護法は武力攻撃事態等のように日本に直接被害が及ぶ事態でなければ使えない。

問題は在中国の邦人

次に、台湾からの退避には台湾当局の協力が要る。国交のない台湾であるが、何とかしてよく練られた非戦闘員退避作戦を詰めておかねばならない。

問題なのは在中国の邦人である。台湾有事の際の中国は、日米同盟が戦火に巻き込まれた瞬間から日本の敵国になる。在中国の日本人は、中国政府から米国人、台湾人と同様に敵国人として扱われる。中国との交通は途絶している恐れがある。国際人道法上、文民外国人の保護は中国政府の責務であるが、戦時中は、日系アメリカ人強制収容のように、大規模な人権侵害が起きることが多い。

戦争は人々を興奮させる。かつて中国では通州事件のような虐殺事件さえ起きた。戦時中、政府が敵国内の邦人の保護に関してできることは限られている。中立国であるスイスのような国に利益代表国となってもらい、日本側の要望を伝えることが最大限できることである。この厳しい認識は、日本のビジネス界にも共有しておいてもらう必要がある。

また、台湾有事が始まる直前には、米国が中国企業に対して本格的な金融制裁をかけることもあり得る。米兵の命を懸けた戦闘の前に、経済制裁で敵を屈服させようとするのは、米国の常套手段である。日本も太平洋戦争直前、石油の全面禁輸措置の対象となった。もし、台湾有事において米国の金融制裁が発動されれば、その対象となった中国企業と取引をする日本企業も対象となるであろう。当該日本企業に融資するメインバンクほかの銀行は、ニューヨークでのドルの為替取引を全て拒否される。そうなれば、当該中国企業との取り引きは全て停止せざるを得ない。それも考えておかねばならないリスクの一つであろう。

第5章 経済安全保障を考える

経済安全保障とは何か

経済安全保障という言葉がようやく人口に膾炙《かいしや》するようになった。外交は、軍事、経済、錦の御旗（価値観・戦略コミュニケーション）を組み合わせて総合的に考えるものである。第1章で日本が守るべき価値観について述べた。自由で開かれたインド太平洋構想が、大きな影響力を持った初めての日本発の戦略コミュニケーションであることを説明した。第3章では中国と戦略的安定を確保するための外交戦略について述べた。第4章では台湾有事に備えるための軍事戦略について述べた。本章では、今まで述べてきた対中大戦略の位置付けの中で、経済戦略、特に今、盛んに議論されるようになった経済安全保障の意味を問うてみたい。

「経済安全保障」という特殊で専門的な分野があるわけではない。経済安全保障とは、安全保障政策（特に軍事政策）と産業政策及び科学技術政策の交錯する幅広い分野に跨る一群の政策を指して使う言葉である。

例えば、米中大国間競争が始まる中で、中国軍が西側の軍隊より圧倒的に優位になるような科学技術を渡すわけにはいかない。科学を制する者が戦争を制する。

実際、20世紀の戦争は科学技術を駆使した世界戦争であった。例えば、第一次世界大戦で飛行機が登場し、当初、空から爆弾を落とすことは非人道的だとされ、日本の上海渡海爆撃やナチスドイツのゲルニカ空爆などは非難されたが、連合国が最後にやったことはドレスデン空爆、東京空爆による大量殺戮だった。

海戦では空母が登場し、山本五十六連合艦隊司令長官が企画した世界初の空母機動部隊運用による真珠湾攻撃は、世界海戦史における新時代の幕開けとなったが、直ちにその戦術は米側に伝わり、巨艦主義にしがみついていた日本海軍の戦艦大和や武蔵は、艦載の米海軍爆撃機による猛攻の前に海の藻屑と消えた。日本商船隊は壊滅した。

第二次世界大戦では核兵器が登場した。広島、長崎に投下された原爆は、文民も女も子供でさえも見境なく焼き尽くした。そのあまりの殺傷力の大きさと放射能汚染の恐ろしさに、人々は恐れ、やがて大量報復戦略は廃れ、柔軟対応戦略が採用され、軍備管理軍縮交渉が進み、第三次世界大戦は起きず、代わりに核の恐怖の下で冷たい平和が成立した。同時に、原子力の平和利用が核軍事力に転化しないよう、核不拡散体制が設けられた。戦勝国となった英米仏露中のP5（国連安全保障理事会常任理事国）以外には核兵器を持たせないこととされ、その代わりにIAEA（国際原子力機関）による厳しい検証の下で原子力の平和利用を認めるという体制である。

科学技術、産業技術を制する者が世界を制する。16世紀にやっとの思いで東洋にたどり着いた大航海時代の西洋人は、香辛料、絹、綿、金細工、銀、茶、陶磁器といったアジアの豊かな物品に憧れた。彼らは貧しかった。

しかし、欧州文明は、その後わずか200年で東洋を凌駕し始める。ギリシャ・ローマ文明は、宗教哲学、道徳哲学に没頭しがちだった東洋文明と異なり、天文観測や数理など自然科学に優れる。チグリス・ユーフラテス川、ナイル川の育んだ西アジア文明に多くを負っているからである。オスマン帝国により東ローマ帝国が滅亡して以降、コンスタンティノープル（今日のイスタンブール）に蓄積されていたギリシャ・ローマの文献がローマに伝わり、ルネサンスが花咲く。

その後、ヨーロッパを中心に急激な自然科学の発展が実現した。ガリレオもニュートンも突然変異で生まれたわけではない。やがてそれが西欧諸国に産業革命という爆発的な国力増進をもたらしたのである。西欧文明の世界制覇の大きな要因の一つは、科学技術、産業技術の発展であった。

今日、再び、情報通信技術を始めとして新しい科学の地平が切り開かれつつある。遠くない将来に量子コンピューターが人類の在り方を根本的に変えるであろう。それは、今、世界を呑み込みつつあるデジタル・トランスフォーメーション（DX）を、全く次元の異なる高みに引き上げる。通常のスーパーコンピューターの性能を桁違いに上回る量子コンピューターが実現し、それが素材、金融、バイオ、自動運転等、あらゆる分野で産業の在り方を激変させる。また、バイオテクノロジーの発達や脳科学の発達は、機械と組み合わさった人間の機能を極限まで活用し、人々の寿命をさらに数十年延ばすかもしれない。今、私たちは新しい科学の時代の扉の前にいる。

それは、当然、安全保障の世界を激変させる。「武士道と云うは死ぬことと見つけたり」(『葉隠』)がモットーの勇猛な日本人も、幕末、西洋の産業技術の前に一瞬で屈服した。馬関戦争で長州藩が関ヶ原を思わせる青銅の大砲で英国を始めとする列強海軍に挑んだとき、英国の軍艦はアームストロング砲で撃ち返して、下関の御台場は吹き飛び、骨董品のような大砲は英国の博物館に陳列されることになった。どんなに勇猛でも、科学で負ける者は戦争に負けるのである。

科学技術、産業技術こそ、国力の基盤である。国を守る、国民を守るためには、精鋭の軍隊だけでは足りない。科学技術、産業技術が、国家安全保障の基盤である。通常の先進国では、国家と民族の生存本能が、科学の進歩を支える大きな力となっている。

現代の戦場

経済安全保障の中核は、軍事と産業・科学技術政策の相関である。その具体的中身は後述するとして、まず、現代の戦場がどうなっているのかを考えてみよう。軍事を知らずして、経済安全保障の話を語ることはできない。現代の戦場を知らずして、経済安全保障の話は成り立たないからである。

日本では、毎年8月15日に、NHKを中心として大東亜戦争（日中戦争及び太平洋戦争）の映像が大量に流れるので、いまだに戦争といえばゲートルに銃剣のイメージである。今日の戦場は全く異なる。最新の防衛装備は、大抵、ゲームセンターと同じである。巨大なスクリーンの前に座るとジョイスティックが一本ある。それだけである。

例えば、戦闘機の天井や周囲の壁にびっしりとメーターが並び、パイロットがいくつもあるスイッチをぱちぱちと入れながら、「ラジャー」といって飛び立つのは昔の話である。今はスクリーンとジョイスティックだけであり、遠くから射程の長いミサイルを打ち合う。米軍などはすでにドローン戦闘機の検討にまで着手している。近い将来、これが実現すれば、パイロットは地上にいるまま空中の無人機が戦うことになるであろう。

宇宙戦争——偵察、測位、時間同期

この新しい戦争を支えているのは宇宙空間とサイバー空間である。宇宙には、数多くの軍民の衛星が浮かんでいる。衛星には主として4つの仕事がある。

第一に、偵察（reconnaissance）である。光学偵察衛星、レーダー偵察衛星、赤外線探知衛星は、敵軍を丸裸にする。もともと米ソ（露）軍備管理交渉においてロシアが偽計を用いないように監視するのが仕事だったが、最近では通常の戦闘において敵発見等の戦術目的にも使われる。

第二に、測位（positioning）。GPS（全地球測位システム）である。数十基の衛星を回して、地上の位置を正確に伝える機能を持つ。巡航ミサイル等の長距離ミサイルを飛ばすには、最終のホーミングの段階まではGPSが不可欠である。また、機甲師団が深夜に漆黒の砂漠を機動しようと思えばGPSが頼りである。

第三に、時間同期である。これは案外知られていない。GPS衛星の軌道周回速度は一定であり、GPSの動きに合わせて世界中の時計が動いている。だから精密な時間測定ができるし、寸分狂わぬタイミングで、巨大な軍勢が世界中で作戦行動を起こせる。

第四に、通信である。衛星通信は、1990年代まで海底ケーブルと国際通信の座を争っていたが、光ケーブルの登場で今世紀に入って完敗した。しかし、軍事用途の通信衛星はいまだに活躍している。

宇宙空間を戦術的に使って見せたのは、1990年に勃発した第一次湾岸戦争時の米軍である。サダム・フセイン軍の動きは偵察衛星によって手に取るように分かる。GPS衛星に誘導されたミサイルは寸分たがわずにイラク軍に命中する。中東で強勢を誇ったイラク軍は、米軍が率いる有志連合軍（コアリションと呼ばれた）によって一蹴された。

これを見て、猛烈に焦ったのが中国とロシアである。両国とも米軍の後を追いかけ始めた。世界を驚かせたのは中国による2007年の衛星破壊実験である。中国は、自国衛星「風雲」を破壊して見せた。無数の危険なデブリ放出が話題になったが、問題はデブリの次元に止まらない。米ソ（露）は冷戦中の最も厳しい時期にも互いの宇宙衛星には手を出さなかった。「宇宙は戦場外」という暗黙の了解があったからである。

中国の衛星破壊実験は、瞬く間に宇宙を戦場に変えた。知人の米宇宙軍将官は、「第一次世界大戦で英独の偵察機が最初にすれ違ったときは手を振って挨拶をしていた。それから今日までわずか100年だ。残念ながら宇宙でも同じことが起きる」と話していた。次の戦争では、衛星本体や地上関連施設の物理的破壊、サイバー攻撃、電磁波攻撃等によって宇宙機能が全て麻痺すること（宇宙のブラックアウト）も考えておかねばならない。

サイバー戦争――戦う前から「お前はもう死んでいる」

サイバー空間は、全く新しい空間である。物理的には世界中の無数のセンサーとスマホとパソコンとサーバーとスパコンの結合が作り出す仮想空間である。世界の大陸は深海に設置された光ファイバーケーブルによって結ばれている。訓練されたハッカーは、この空間を自由に移動し、活動できる。

普通の人にサイバー空間を想像することは難しい。まず、距離と時間の感覚がない。音もない、光もない。ハッカーは光速で大陸間を移動することができる。光は1秒で地球を7周半する。月までは1秒以上かかるが、地球は光には狭すぎる。サイバー空間を光速で移動するハッカーにとって地球上では時間と距離を測る意味がないのである。それが何を意味するだろうか。それは国境に意味がないということである。

通常の戦争では、正規軍の局地戦から戦争が始まる。やがてそれは大規模な戦線に広がる。戦線が膠着すると敵の戦闘能力を支えている弾薬、輸送、糧食などの兵站を叩く。その次に産業基盤、交通基盤を叩く。最後に政経中枢を叩く。それが常道である。しかし、そのためには巨大な爆撃機の編隊とそれを護衛する戦闘機の編隊が要る。莫大な費用がかかる。戦略打撃を行い得るような大空軍の保有は、多くの国にとって高嶺の花である。

しかし、サイバー戦争は異なる。数理やゲームに優れた少年を幼いうちから鍛えれば、そのうちの何人かは、成人する頃には超人的ハッカーに育っている。サイバー戦争では、すでに戦争が始まる前に、例えば発電所、変電所という敵方の重要インフラを落とせる。日本中がブラックアウトする。電気がなければどんな軍隊も戦えない。病院の機器も止まる。電気自動車は走らない。エレベーターも止まる。水をくみ上げるポンプも止まるから、上下水道も止まる。また、航空機や高速鉄道も乗っ取られ得る。大規模な惨事が続発する。サイバー戦争では、戦う前から「お前はもう死んでいる」という状況を作り出すことができる。しかも非常に廉価にできる。これがサイバー戦争の怖さである。

抑止が効かない

最近、サイバー戦と特殊戦を組み合わせたハイブリッド戦争という言葉が人口に膾炙している。プーチン露大統領が電光石火で奪ったクリミア半島での戦闘が嚆矢である。ある日、突然、ウクライナ軍のコンピューターが落ちる。しばらくしてコンピューターが立ち上がると、「ロシア軍侵攻」の警報が出て、至急集合するように言われる。行ってみるとロシア軍が待ち構えていて殲滅される。すでにコンピューターがロシア軍に乗っ取られていたからである。サイバー戦に優れているのは、米軍、ロシア軍、中国軍であるが、北朝鮮も能力が高い。サイバー兵器は貧者に許される数少ない最先端兵器なのである。

サイバー空間は、深海底と同様に漆黒の闇の中である。深海底なら蝙蝠のように音を拾って敵の位置を探知できるが、サイバー空間には音もしない。完全な静寂が支配している。そこから誰かが攻撃してくる。それが誰か分からない。攻撃者の特定（アトリビューションという）は困難であり、時間がかかることが多い。また、敵の攻撃準備は平時から行われている。有事に起動させるウィルスは、平時に予め仕込んでおく必要があるからである。サイバー戦争には平時も有事もない。

サイバー攻撃に対しては抑止が効かない。相手が誰か分からないからである。抑止は最低限の透明性と信頼を分かち合う合理的な敵との間にのみ成立する。敵に耐え難い損害を認識させることによって武力行使を思い止まらせるのである。しかし、サイバー攻撃の瞬間、相手が誰か分かっていることは稀である。したがって防御方法は積極防御しかない。犯人を特定して攻撃の後にできるだけ早く仕返しをすることによって、次回の攻撃を防ぐしかないのである。

「軍民融合」の大号令と米国の焦り

宇宙での戦争を可能とし、サイバー空間を作り出している技術は、足元で言えば、最先端半導体、人工知能、先進コンピューティングである。それはまたレア・アースを多用した先進素材技術によって支えられている。また、無人化が進む戦場ではドローンが多用される。

ドローンの映像を、地上基地で自分がドローンを運転して飛んでいるかのようにスクリーンに映し出すには優れた映像技術が必要である。ゲームセンターのような地上の操縦室では最先端の脳科学がドローンを操る兵士の反射行動を極限に高めることができる。さらに、脳波を拾って直接ロボットにつないで動かすブレイン・マシーン・インターフェイスの技術にも強い関心が集まっている。科学の地平線の向こうには、さらに量子科学の発展が待っている。それは戦争のみならず、安全保障政策を激変させる。

米国は、宇宙、サイバーの両面で常に最先端を走ってきた。今もそうである。しかし、米国の追随を許さない科学技術での優位は揺らぎつつある。それは資金面で追いつくものが出てきたからである。米国の国防予算は80兆円である。世界の国防費の半分を占める。そのうち、10兆円が研究開発費である。エネルギー省にも2兆円程度が行くので、米政府の研究開発予算のうち、合わせて12兆円程度が国防関係に流れる。米政府の全研究開発費の6割程度である。日本の研究開発費は官民併せて総額20兆円、政府は4兆円の研究開発費である。米国政府の科学技術関連予算の大きさが分かる。

しかし今、新しく登場したＧＡＦＡ（グーグル、アップル、フェイスブック、アマゾン）等のプラットフォーム系の会社は天文学的に巨大であり、普通の政府を遥かに凌駕する大きさとなった。その総研究開発費は米国の政府開発費に迫る勢いである。また、中国の軍事費は25兆円である。しかも、そこには研究開発費は含まれていない。

中国は、特異な独裁体制を敷いており、共産党一党独裁の下で「軍民融合」の大号令がかかり、政府、産業界、学術界と人民解放軍が一体となって研究開発を進めている。その予算規模は分からないが、巨大な金額になるであろうことは想像がつく。今、米国は、科学技術の世界でこれまで享受してきた圧倒的優位を、初めて脅かされていると感じ始めているのである。

日本の経済安全保障事始め（1）――日本の先端技術を「知り、守る」

政府の中で経済安全保障問題が急浮上したのには、二つの出来事が重なっていた。一つは、対中機微技術流出阻止問題である。数年前、私がまだ総理官邸で執務している頃、畏友の柳瀬唯夫経済産業審議官が飛び込んできて「米国の動きが変わってきた。対応しないといけない」と言ったのが最初である。当時、トランプ政権は、急激に対中強硬策に舵を切りつつあり、そこで米国の安全保障上の優位を脅かすような対中武器技術については流出を阻止すると言い始めていた。

米国は、矢継ぎ早の措置を繰り出し、例えば米国製の最新半導体製造装置で作った最先端の半導体をファーウェイ等の中国軍と関係のある企業に売却してはいけない、第三国企業による転売も許さないと言い始めた。中国企業によるニューヨークでのドル建ての資金調達や中国人留学生の受け入れも格段に厳しくなった。人民解放軍と何らかの関係があれば留学を拒否される。また、米エネルギー省は中国から研究資金を受け取った米国人研究者を政府の公的研究補助から排除するとの方針を明らかにした。米中両方から研究資金を受け取っていたハーバード大学の教授が詐欺罪で逮捕される事態にまでなった。

米国や中国のほうが日本の機微技術に詳しい！

日本では、当時まだNSCに経済班がなく、杉田和博内閣官房副長官、古谷一之内閣官房副長官補（内政）の力を借りて、全省庁に対し、米国が気にしているような対中機微技術の洗い出しをお願いした。そもそも日本全体にどのような技術があるか、その全貌が分からなかったのである。作業は、まず、日本自身の技術を「知る」ところから始まった。

その結果が驚きであった。流石《さすが》に日本であり、大概の技術はあることが分かった。しかし、担当の省庁のほとんどが「これがどうして軍事的に機微なんですか」と聞いてくる。軍事転用なんて考えたこともないから、何が危ないか分からないというのである。

そこで防衛省に聞くと「雀の涙の研究開発予算（2000億円）であり、防衛装備の研究開発で手いっぱいで、民生技術を見ている余裕がない」という。ある日、弾道ミサイルの話を安倍総理のところで話していると、防衛省幹部が「日本には成層圏再突入技術がないので、日本は持てないのです」と述べると、総理は「じゃあ、はやぶさはどうやって地球に帰ってきたんだ」と笑っておられた。日本の民生技術を見ていないのだと思った。そんなこんなで、結局、何も分からないということが分かった。米国や中国のほうがよほど日本の機微技術に詳しいらしいということになった。これでは「守る」どころの話ではない。

この頃、自民党の甘利明議員や、安全保障貿易管理を担当する経産省から、危機意識が発信されるようになった。最初に動いたのは経産省だった。機微技術移転は、産業スパイやサイバー攻撃のような裏口を使った不法なものだけではない。表玄関から堂々と機微技術を中国に移転することもできる。留学生を通じるものもあるが、より大規模なものとして、経営参入や合弁事業の設立、買収合併がある。

経済産業省は、2019年に外為法を改正した。それまでは外資による日本企業の株式取得の場合、取得株が全体の10パーセントを超えれば自動的に政府に通報が来る仕組みであったが、その上限を1パーセントに下げて、より厳しい監視の目を光らせることにした。

そこで問題となったのは、誰が機微技術の目利きをするかという問題である。実は、それまで安全保障の観点から対内投資を監視するという発想は政府の中になかったのである。対内投資問題なので外為法上は財務省の所管となる。財務省に軍事技術の専門家はいない。そこで、総理官邸で全省庁が集まってきちんと協議することにした。

杉田内閣官房副長官をヘッドとするプチCIFIUS（米国対内外国投資委員会）のようなものができた。まだ国家安全保障局に経済班はなかったが、安全保障の専門家が揃っている国家安全保障局の協力も依頼した。国家安全保障局を通じてインテリジェンス・コミュニティの協力も得ることができた。こうして、ようやく経済安全保障に取り組む体制が立ち上がることになった。

日本の経済安全保障事始め（2）――日本の先端技術を「育て、活かす」

もう一つ問題があった。それは科学技術政策及び産業政策が、安全保障政策と完全に遮断されており、世界最高水準の日本の民生技術、それを支える技術者や研究者を、国家安全保障のために活用する仕組みも予算も日本政府の中にないことである。戦後、日本の中には、そのような考え方自体がなかった。上記の対中機微技術流出問題が「知り、守る」政策だとすれば、この問題は安全保障関連技術を「育て、活かす」政策である。

２０２１年9月に立ち上がったＡＵＫＵＳの三国同盟の枠組みは、２０２１年9月の三国首脳共同声明で、安全保障、産業、科学技術を一体化させるべく協力すると謳っている。まさに民生技術を含めて、安全保障に関する最先端技術協力を謳っているのである。常に科学技術で世界の最先端を走り続け、軍事的優位を誰にも渡さないというアングロサクソン一族の強い決意が伝わってくる。

日本にはこの仕組みがない。予算もない。科学技術と安全保障を結び付ける仕組みが日本政府の組織や政策から完全に欠落している。とてもＡＵＫＵＳからお呼びのかかる状況ではない。

米国国防系の研究所との交流はゼロ

実際、この３四半世紀、安全保障面での日米科学技術協力は、日米同盟の運営上、稀に見る完全な失敗分野となった。日米同盟の真空地帯と言ってよい。ミサイル防衛のような狭い防衛技術協力の話をしているのではない。量子やバイオのような安全保障に関わる最先端の科学技術協力がこの３四半世紀の間、全く動かなかった。米国には科学技術庁がない。日本の理研や産業技術総合研究所に相当する優れた研究所は国防省やエネルギー省に多数ぶら下がっている。

しかし、米国国防系の研究所との交流は文字通りゼロなのである。日本側に対応する組織がない。国立大学を始めとする学術界は軍事と名の付くものに生理的な拒絶反応を示し、官界もビジネス界も、マスコミから「軍産複合体」などと言われて叩かれることを恐れ、二の足を踏む。日本の誇る世界最先端の科学技術や産業技術は、安全保障の世界から完全に遮断されていたのである。日本以外にはそのような断絶はない。逆である。最新科学は常に最新の軍事研究と裏腹であった。それは一流の科学者が集う世界の安全保障に関わる科学技術クラブの扉を、日本自らが固く閉ざすことを意味していた。

第二次安倍政権下の日本の国家安全保障局では、量子技術を始めとする民生技術の進展が将来の安全保障を激変させるとして、科学技術政策に関心を強め、「育て活かす政策」を「守る政策」と車の両輪にせねばならないという意識が日に日に強まっていた。

最初に手を打ったのは渡辺秀明防衛装備庁長官（初代）であった。防衛省の技官は、戦後の強い平和主義の中で孤立した技術集団であった。彼らも民生技術の急速な進展が安全保障環境を急激に変えていることに危機感を抱き、「安全保障技術研究推進制度」を立ち上げて、なけなしの予算から100億円を積んで、学術界や産業界との研究交流を推進しようとした。安全保障技術研究推進制度は、研究内容に防衛省が介入することもなく、また、研究成果は自由に公開可能な研究交流制度である。

しかし、驚いたことに、内閣府の一員である日本学術会議が、突如、一方的に厳しい反対声明を出した。政府内の意見調整など全くなかった。その結果、ほとんどの国立大学

（さらには私立大学）及び国立研究所が防衛省の交流の呼びかけに背を向けた。

日本学術会議は、制度上は内閣府の一員である。司法府のように独立しているわけではない。どうしてこんなことになるのかと訝《いぶか》ったが、経緯を調べていくうちに、日本学術会議は、吉田茂総理、中曽根康弘総理、安倍晋三総理という3代の大総理が、戦後、一貫して問題にしてきていた組織だと知った。大学の自治、学問の自由という看板の陰に隠れて、イデオロギー的傾斜と国家予算から支出される大学運営費（年間8000億円）という巨大な既得権益の塊とが厳然と残っており、それが戦後3四半世紀の間、日本の科学技術と安全保障をほぼ100パーセント遮断してきたのである。

日本に特殊な科学技術・産業技術開発と安全保障政策の遮断

なぜ、日本では科学技術、あるいは民生産業技術と安全保障が遮断されてきたのだろうか。実は、それは日本の国内冷戦に根を持つ日本に固有かつ特殊な問題である。

米英仏や中露のような戦勝国は逆である。科学技術の進展こそが最高の安全保障だと理解している。敗戦国のドイツは、日本同様、連合国の戦争遂行能力除去方針を受け入れざるを得ず、石炭、鉄鋼、原子力という当時の基幹産業を国際管理に持ち込まれ、ドイツ軍はNATO軍の指揮下に入り、米国人最高指揮官の下に置かれた。しかし、東西に分裂していたドイツでは、独立後10年経った1959年、西ドイツの社会民主党が首都ボンのゴーデスベルクで綱領を採択して、階級闘争を捨て、国民政党へと生まれ変わり、一貫して西側に軸足を置いた現実的な安全保障政策を追求した。東ドイツの掲げる共産主義は、戦前のナチスと同様、全体主義だとして西ドイツでは禁忌だったのである。

これに対し日本では、1955年に統一社会党が立ち上がり、慌てた保守派が自由民主党を立ち上げた。敗戦国の日本にはド・ゴールのゴーリズムや、ネルーの非同盟のような第3の道を歩む力はなかった。ドイツや朝鮮のように国家分断の悲劇こそ免れたが、国内に国際冷戦の寒風がそのまま吹き込み、日本の国内政治が分断され、国内冷戦が構造化された。社会党がソ連の利益を代弁し、自由民主党が米国の利益を代弁した。社会党は、東側陣営に軸足を差し込んだまま、ついに現実主義に舵を切ることができなかった。この激しい国内冷戦は、西側主要国の中では日本だけに見られる特殊な現象である。

国内冷戦と日本社会の分断

55年体制が残した日本社会のイデオロギー的分断の傷跡は大きく深い。冷戦終結後30年を経た今も、地中に深く埋もれたフォッサマグナのように、大きく日本社会を分断し、今も活断層として時折大きなエネルギーを噴出する。

日本の政治は、国内冷戦に翻弄された。まず、国際冷戦の中で西側を選んだ吉田総理、岸総理が出た。吉田は旧軍の政治勢力復活を断固阻止しつつ、露中及び北朝鮮という強大な赤軍が立ち上がるのを横目に、日本の安全と復興のために米国との同盟を選んだ。たった7年前に300万の同胞の命を奪った敵国と同盟に踏み切ったのである。吉田の胆力なくして今日の日本はない。吉田の後、米軍駐留延長協定のようであった旧安保条約を、少しでも対等な同盟に切り替えようとして60年の日米安保改定を断行し、政治生命を消耗し尽くしたのが岸信介総理である。

国内左派の反発は激しかった。高度成長前の日本である。米国の60年代リベラリズムの洗礼を受ける前である。ロシア革命、マルクス・レーニン主義の影響は依然として大きかった。戦後初期の日本では、昭和維新を唱えていた戦前の革新右派が勢いを失ったが、逆に、戦前に弾圧されていた革新左派は野火のように広がった。

「革新」とは、工業化初期の社会格差を一撃で解消しようとする全体主義的な考え方であり、20世紀前半には世界的に広く見られた現象である。革新を唱える勢力は、左派の筆頭であるソ連共産主義だけではなかった。ドイツのナチスやイタリアのファシスト党や日本の青年将校のような右派の革新も存在した。戦前の革新勢力には左右の双方の勢力があった。右の革新は枢軸国とともに消えたが、ソ連、中国は戦勝国側に回り、左の革新は生き残った。

戦後間もない日本では、全国の労働争議に赤旗が翻り、労働者と学生たちが大規模なデモを繰り広げた。五木寛之氏の『青春の門』の時代である。

豊かな社会や自由主義が根を下ろした日本しか知らない今の若い人には、当時の政治状況はとても理解できないであろう。若松孝二監督の映画『実録・連合赤軍 あさま山荘への道程』は連合赤軍のあさま山荘事件に至る経緯を凄惨なリンチ事件とともに詳細に描いたものであるが、そのＤＶＤの箱には「非情なまでに凝視されたのは熱板のうえで悶え苦しむ魂の生態であり、それに対しての哀悼の意がむき出しにされた」と、同時代を生きた著名な作家の讃辞が寄せられている。それが時代の雰囲気であった。

社会格差是正のための暴力革命、階級闘争という考え方は、5・15テロ事件や2・26革命未遂事件で決起した青年将校たちを想起させる。天皇陛下を激怒させた青年将校たちには、やはり庶民の同情が集まっていた。高度成長前の日本では、戦前、戦後を問わず、社会格差を一撃で是正するという全体主義的な思想が浸透しやすかったのである。

また、第二次世界大戦で壊滅した日本では、マルクス主義は価値観の真空を埋める役割を担った。第一次世界大戦後の欧州でも想像を絶した大量殺戮の後に生まれた価値観の真空の中で、マルクス主義、共産主義が瞬く間に広がった。第二次大戦後の日本の思想状況は、茫然自失した第一次世界大戦後のヨーロッパの思想状況と似ていなくもない。

岸の後、池田勇人、佐藤栄作という日本の高度経済成長を代表する総理が出る。国民生活が豊かになり、全体主義的な共産主義イデオロギーや、階級闘争史観がゆっくりと朽ちていった。その過程で、政権党である自由民主党の中では、吉田、岸のように西側に決然と軸足を置く総理は出なくなった。

その後の歴代総理は、左派を刺激する安全保障政策には目を瞑り、ひたすら経済成長に邁進し、戦前の革新的社会政策を引き継いで公共インフラや社会福祉を充実させるようになった。バラマキである。高度成長は波に乗り、国内冷戦下での保革（保守・革新）調整型総理が続いた。自由民主党の政策方針は当たり、選挙では無敗を誇り、90年代の宮澤喜一内閣までの長期政権を可能とした。

岸の残した日米同盟の強化に取り組もうとする総理は、中曽根康弘総理まで出なかった。やがて自民党と社会党が政治メディアと共に演出する安保激突国会や強行採決が定番の茶番となり、裏では金権政治がはびこり、舞台裏の国会対策や密室政治が横行し、安全保障政策は、舞台裏での親密な自社関係を乱すものとして、しばしば脇に追いやられた。国家の安全保障が、しばしば国対政治の取引の中に埋もれたのである。

1980年代、私がまだ年端もいかない外交官だった頃、日米安保条約に関する発言によって衆議院予算委員会を空転させた局長が外務省に帰ってきて、「社会党の先生を一塁で刺すのはよせ。二塁までは走らせてやれよ」と自民党幹事長から注意されたと言って苦笑いしていた。それもまた岸総理退陣後、鼓腹撃壌の時代を謳歌した高度成長時代の日本の雰囲気だった。

日本官界の分断

戦後、国内冷戦が日本の内政に構造化されていく中で、官界の中は、日米同盟を守るべく正面に立った外務省、防衛庁（現防衛省）、防諜の任務に当たった警察庁という冷戦の闘士のような役所と、日本の経済発展一本に関心を絞った通商産業省（現経済産業省）、大蔵省（現財務省）のエリート経済官庁に二分された。両者の間に安全保障に関する対話はなかった。

そこから大きな戦略観の断絶が生じた。外務省などの安全保障関係省庁から見れば、ソ連を筆頭とする共産圏は敵方だった。日米欧という西側の自由主義国が、ユーラシア大陸の両端で全体主義のソ連や中国を抑えているという戦略観であった。典型的なのは自衛官である。多くの俊英の陸上自衛官は、冷戦中、日本北端の塹壕に身を伏せて、極寒の中で北海道を死守する覚悟だった。最精鋭のパイロットを集めた千歳基地の航空自衛隊も同じである。第七艦隊と緊密な関係にある海上自衛隊は、有事に来援する米陸軍の安全を確保するために、シーレーン1000カイリ防衛に心血を注いでいた。

これに対して、通商産業省、大蔵省などの経済官庁は、西側という家の中しか見ていなかった。家の外側にいる共産圏の強大な軍事力には全く関心を払わなかった。共産圏は市場としても魅力がなかった。日本を含む西側世界を圧倒的な力で守っている外殻というべき米国の軍事力にも関心を払わなかった。日本が米国という釈迦の掌《てのひら》にいる孫悟空に過ぎない、という自覚はなかった。西側世界という閉じられた空間の中で、自民党と共に経済成長に邁進した。そこでの主敵はソ連ではなく、競争相手の米国であった。

1960年代に英独仏の経済規模を抜いた日本は、ずっと米国の背中を追いかけていた。安全保障に関わる常識、軍事的なリテラシーは、経済系の官僚組織から完全に欠落した。米国にほぼ依存していた安全保障という被膜を意識せず、経済競争という競技場の中で、米国とトップの座を争っていけると錯覚したのである。それは、日本の経済界、ビジネス界も同様であった。そこには冷戦中のドイツ政府が悶え苦しんだように、民族存亡がかかっているというような危機感は全くなかった。

「経済戦争なんてはしゃいでいて大丈夫か」

錯覚の代償は大きかった。1987年、東芝機械ココム違反事件が発覚する。東芝機械が潜水艦のスクリュー音を小さくする機械をソ連に輸出したのである。漆黒の深海底での潜水艦戦はスクリュー音だけが頼りである。東西核対峙の冷戦中、最重要な作戦の一つは、有事における敵の戦略原潜の破壊であった。核抑止は、敵の核攻撃で首都が壊滅した後でも、潜水艦等から発射する戦略核ミサイルで敵に耐え難い痛みを与えることができるという第2撃能力の存在を前提にして成り立っている。第2撃能力を失えば、屈服するしかなくなる。そのソ連の潜水艦のスクリュー音を東芝機械が消してしまった。

米国の怒りは激しかった。東芝機械は深く考えずに輸出したのであろうが、米国から見れば同盟国の企業による安全保障上の最高烈度の裏切りであった。米議会議事堂の前で、議員たちが東芝製品をハンマーで叩き壊す映像が日本に流れた。その後、通産省には安全保障貿易管理課が立ち上がり、安全保障の観点から問題のある輸出を管理するようになった。今日では世界有数の安保貿易管理の専門組織に育っている。

日本の半導体産業の衰退も、戦略観のずれによるところが大きい。80年代、そのうち経済規模で米国を抜くと言われた日本は驕っていた。当時、世界の半導体市場は日本製品が席巻していた。米国は、核兵器を含む全ての兵器体系の基盤技術となる半導体を日本に押さえられることを危惧した。半導体問題は、米国にとって安全保障問題そのものだったのである。

安全保障を担当していた上司は「米国の核兵器だって日本の半導体を使っているんじゃないのか。経済戦争なんてはしゃいでいて大丈夫か」と心配そうな顔をしていた。彼の不安は的中した。１９８６年、米国に対抗心を燃やす日本の戦略的方向性に疑念を抱いた米国は、しゃにむに日米半導体協定を押し付けてきた。日本に自らの覇権を奪われると危惧したのである。その後、日本の半導体産業はゆっくりと駄目になっていく。

当時の日本には、そのような考えは微塵もなかった。当時、多くの日本企業にとって、半導体は、所詮、白物家電の部品でしかなかった。半導体市場はボラタイルで値段の乱高下が激しく、ビジネス界でも、半導体はさほどうま味のある商品ではないという意識が強かった。日本の半導体産業が、米国の国家安全保障の死命を制しているという意識は全くなかった。逆に「アメリカ何するものぞ」という商業上の対抗心がむき出しだった。

当時の日本では、敗戦の後、米国の軍事的庇護と経済援助の下で経済復興を果たし、米国の作った自由貿易圏で発展したという恩義を感じる雰囲気も失われていた。経済大国になり「ジャパン・アズ・ナンバーワン（エズラ・ヴォーゲル）」という空疎なプライドが膨れ上がった。繁栄という切り花が、安全保障という花壇を離れて永遠に咲き続けると錯覚したのである。戦前の帝国陸海軍のように、自分を見失っていたのである。夜郎自大だった。

この時、今日の台湾のＴＳＭＣのように、日本の半導体が米国国防政策の死命を制すると自覚して、米国に渡って多くの工場を建て、米国防総省と協力関係に入っていれば、日本の半導体産業の命運は変わっていたであろう。実際、１９８６年の日米半導体協定締結は、１９８５年のプラザ合意以降、円の価値が跳ね上がり、米国への直接投資の扉が大きく開かれた翌年のことである。しかし、日本の経済官庁、ビジネス界にそのような戦略観を持った人はいなかった。むしろ、米国防省と付き合って、国内左派から「軍産複合体」だの「死の商人」だのと突き上げられることのほうを恐れた。

80年代を代表する日本のリーダーは中曽根総理だった。長期政権を樹立した中曽根総理は、「西側の一員」という立ち位置を明確にし、盟友レーガン大統領との友情を誇り、海上自衛隊の対潜戦能力を大幅に向上させて日米同盟の歴史に一時代を画した大総理であるが、中曽根総理の戦略観が、経済官庁、ビジネス界に浸透することはついになかったのである。

「希望のかけらもなかったな」

55年体制の残した国内冷戦の傷跡が、21世紀の今日にも最も深く残り、ぱっくりと真っ赤な口を開いているのがアカデミア（学術界）である。この傷跡は骨まで届いており、今も癒えることがない。

3四半世紀前の敗戦直後の日本を想像することは、還暦を迎えた私にさえ難しい。かつてお仕えしていた渡辺美智雄外務大臣とモスクワ出張中に、小さなテーブルで一緒に食事をとりながら「戦争が終わって希望が芽生えたのではありませんか」と無邪気に聞いたことがある。それまで饒舌だった渡辺大臣は一瞬宙を仰ぎ、静かに私のほうを向いて「坊や」と呼ばれ、「希望のかけらもなかったな」と吐き捨てるように言われた。短い言葉が心に刺さった。戦争を経験した母からは、高度成長時代の始まりに生を享けた私たちが「本当にいい時代に生まれたね」と何度も言われた。

初めての亡国を経験し、帝都を連合国の軍人に占領され、過去の歴史も価値観も全て否定された日本人は、価値観の真空に苦しんだ。何より300万の同胞が落命し、多くの同胞が肉体の一部や肉親や財産の全てを失っていた。明治以降の急激な国力増強の故に憑かれたように出てきた国粋主義は、跡形もなく消え去った。統帥権の独立を笠に着て、天皇陛下を祭り上げ、国政を壟断し、アジア解放の旗を掲げながら中国大陸に膨張政策を取り、挙句の果てに米国に奇襲攻撃をかけて亡国を招いた軍部の暴走に対する国民の怒りは激しかった。

そこから赤心の戦後平和主義が出てくる。それは連合国の徹底した日本の非軍事化という占領方針と共鳴するものであった。

しかし、冷戦の開始と朝鮮戦争の勃発は、米国の占領方針を大きく転換させ、ジョージ・ケナン米国務省政策企画部長の封じ込め政策が形を取る中で、西ドイツ同様、日本を西側の一員として復権させるとの対日方針が定まってくる。国際冷戦、そして国内冷戦の始まりである。連合国軍最高司令官総司令部（GHQ）から戦後日本を任せられた吉田茂総理は、旧帝国陸海軍勢力の政治勢力としての復権阻止と、日本の安全保障及び戦後経済復興の両立を迫られた。吉田の選んだ道は、旧敵国であり占領国である米国との同盟であった。吉田の選択は、岸信介総理によって牢固なものとされた。

アカデミアの全面講和論と吉田茂の単独講和論

日本のメディア、アカデミアは、労働組合、学生運動家と共に、日本の再軍備方針に激しく反発した。彼らは日本再軍備を「逆コース」と呼んだ。

また、３００万同胞を失い、東京大空襲、沖縄地上戦、広島、長崎の原爆投下を経験したばかりの日本人は、占領軍に対して表向き従順な羊のように振る舞っていたが、その心の底には炭火のような反米感情が熾っていた。暗い反米感情は、吉田の親米路線に対する感情的反発を生んでいた。

皮肉なことに、米国が日本の再軍備に舵を切って以来、日本非武装の初期占領方針は、米国と敵対し始めたソ連が引き継ぐこととなった。日米同盟の立ち上がりを苦々しく眺めていたソ連からすれば、自衛隊弱体化と米軍撤収こそが対日政策の眼目であった。それが日本社会党の「非武装中立」のスローガンになる。日本の戦後平和主義は、ソ連の平和工作、微笑工作の絶好の対象であった。

日本社会党は、西側に軸足を差し込んだドイツ社民党と１８０度異なる路線を取った。日本社会党は原理主義的な側面が強く、また、内紛が絶えず、最後まで西側に軸足を置くことを拒否していた。国内冷戦の中で、平和主義と左派勢力が結び付いたことは、日本の平和主義の普遍性を傷つけた。日本からはついにガンジーの平和主義のような聖者の平和主義は生まれなかった。崇高な戦後日本の平和主義は、時として国内政局の道具に成り下がっていった。

国際冷戦が国内冷戦に転化していった戦後最初の10年間に、日本の戦後平和主義は形作られた。そこには赤心の戦後平和主義だけではなく、日本社会党が代表するソ連の利益と、国民の心の底に深く沈んだ反米感情が無造作に混ぜ合わさっていた。

戦後の日本では、左派勢力を中心に「連合国の初期占領方針に従って軍隊のない日本を創らねばならない。そして日本こそが世界平和の魁となる。憲法9条が日本を守ってくれる。日米同盟、再軍備には反対しなくてはならない。それは日本を米国の戦争に巻き込むことになる。平和日本だけが中立でいられる」という儚い幻想が広がっていった。まだ日本が貧しかった頃、また、敗戦によって価値観が真空となった頃、この儚い夢は、牢固とした信念となって多くの日本人の心に根を下ろした。

メディア、アカデミアは、今述べたような戦後日本の平和主義を体現した。彼らは吉田の日米同盟の選択を「片面講和」として激しく糾弾した。サンフランシスコ講和条約締結当時、ソ連を米国と一緒に呼んで「全面講和」を目指すべきだという意見がメディア、アカデミアを覆った。

しかし、スターリンが鉄のカーテンを下ろした後、冷戦は加速度的に進んでいた。冷徹な吉田にとって全面講和論はただの幻想に過ぎなかった。ロシアは、米国の影響の強い戦後日本において、対抗勢力として左派勢力の伸長に期待した。1950年代はまだ共産主義、マルクス主義のイデオロギー的な魅力が強い時代であり、多くの「知識人」が、自由主義（資本主義）よりも共産主義こそが世界をリードすると本気で考えていた。マルクス主義に忠実な彼らの多くは、封建制の残滓と見なした天皇制継続にも反対だった。

根っからの自由主義者で、天皇陛下に忠誠を誓う吉田は、アカデミアを代表して発信を続ける南原繁東大総長を「曲学阿世の徒」と切り捨てた。だが300万の日本人の命を奪った敵国米国との同盟だけが戦後日本を救うと、吉田のように冷徹に割り切れる日本人のほうが少なかった。

職業外交官の吉田には、「全面講和」は戦略眼も経綸もない無知な議論だと映っていたはずである。しかし吉田が再評価されるのは遠い将来のことである。吉田に対する左派の反発は非常に厳しいものであった。サンフランシスコ講和条約と同時に締結された日米安保条約は、吉田茂が、たった一人で署名している。「我が評価は蓋棺《がいかん》の後にこれを見よ」という気持ちだったのだろう。孤高の総理による孤高の決断であった。

変わったメディア、変わらなかったアカデミア

その30年後、メディアが変貌した。1979年のソ連のアフガニスタン侵攻によって、キッシンジャー博士が演出したデタントが吹き飛び、レーガン米大統領が新冷戦を宣言し、中曽根康弘総理が日本を「西側の一員」であると明言したとき、日本メディアは、初

めて扇を広げるようにして、右から左まで幅広く意見が割れた。それまでは、産経新聞だけが保守で、後の新聞は全てほとんど同じ内容の左派の論調だった。私がまだ東大生だった70年代後半の話である。

その論調は『社会新報』(日本社会党の機関紙)と大差なかった。東大駒場キャンパスでは月刊誌は岩波書店の『世界』、週刊誌では『朝日ジャーナル』(廃刊)が広く読まれ、実社会では主流だったはずの月刊誌『文藝春秋』は右翼雑誌のような扱いであった。

今のように『日本経済新聞』を中心にして左に『毎日新聞』『朝日新聞』『東京新聞』、右に『読売新聞』『産経新聞』という政治的なグラデーションが生まれたのは80年代前半の中曽根時代からである。『読売新聞』、日本テレビが中道保守に舵を切った。単一色の政治的見解をマスメディアに押し付けられて息苦しかった20歳そこそこの私は、中曽根時代に言論空間が広がって、急に呼吸しやすくなった気がしたことを覚えている。

国内冷戦の中で、東側ないし中立に立ち位置を取った日本メディアの強烈なプリズムによって歪んで見えていた外の世界が、ようやく客観的に見えるようになったと思ったものである。当時、私が外交官を志したのも、本当の世界を自分の目で見てみたいと思ったからだと思う。

しかし、アカデミアは変わらなかった。アカデミアの国際政治観は、戦後3四半世紀経った今も1955年の国内冷戦開始時のままであり、まるで眠れる森の中にいるかのように静かに時間が止まっている。冷戦初期から3四半世紀、世界は激変した。70年代には米中国交正常化が果たされ、中国が西側に転がり込むことで日本の安全保障環境は大幅に改善された。79年にはソ連のアフガニスタン侵攻で新冷戦が始まった。

そして91年、ソ連が崩壊する。その前年の90年には日本が石油を依存する湾岸地域で、イラクのサダム・フセインがクウェートに侵攻し、翌年、米国が率いるコアリション軍がイラク軍を一蹴した。90年代前半には日本の国連PKO参加が実現する。90年代中葉には北朝鮮の核兵器開発が朝鮮半島に緊張をもたらし、日本は周辺事態法の制定と日米防衛ガイドラインの制定で答えた。また、台湾民主化に苛立った中国が、台湾沖にミサイルを発射するという事件もあった。

2001年には米国で9・11同時多発テロ事件が発生し、米国がNATO軍と共にアルカイダ征伐のためにアフガニスタンに攻め込んだ。日本はインド洋でコアリション海軍への給油作戦を実施した。第二次安倍政権では集団的自衛権行使も認められた。そして今、超大国となった中国が、アジアに独自の勢力圏を築こうとしている。台湾有事の可能性が人々の口の端に上り始めた。

国民の意識は、急速に現実主義化しつつある。ソ連を選ぶか、米国を選ぶかという55年体制下の東西体制選択の議論は、30年前のソ連崩壊後、風化し、消滅した。ソ連が健在だったとき、ソ連側に立ち位置を取れば、日米同盟撤廃と自衛隊弱体化すべしという非武装中立の議論は論理的であり得る。

しかし、ソ連崩壊、冷戦終結から30年を経て、急激に台頭する中国を前にして、日米同盟や自衛隊の弱体化を自己目的とした議論をしても、多くの国民は納得できないであろう。もはや日米安保が必要かどうか、自衛隊が合憲かどうか、という入り口のイデオロギー論争は廃れ、今、国民の関心は、中国の台頭、北朝鮮の核武装を前に、日本は戦争を抑止できるのか、もし戦争が始まったらどういう戦争になるのか、その時日本はどうなるのか、自衛隊はどうするのか、米軍はどう動くのか、自分たち（国民）は大丈夫かという現実主義的で具体的な論点に移ってきている。

しかし、アカデミアは変わらない。依然として空想的な平和主義の殻に閉じこもったままである。戦後75年間、外界の変化を受け入れることを拒み、蛹《さなぎ》のように自分の殻に閉じ籠ったままなのである。軍事の匂いのするものに触れるだけで、いまだにアナフィラキシーショック（アレルギー反応）のような激しい反応が出る。

政府を退職した後、ある国立大学に招かれて講演した折、広報資料用に写真がほしいと言われたので、写真を送ったらすぐに送り返されてきた。軍人が写っているという。「そんなはずはない」と思ってよく見ると、在京フランス大使館で撮った写真で、片隅に大使館付きのフランス人武官の肩がわずかに写っていた。随分気にするものだなと思い、次の写真を送ると、また、軍人が写っているといって突き返された。もう一度よく見てみると、写真の片隅に油絵で描かれたマハン大佐の靴が写っていた。それほど軍人が嫌いなのである。結局、自撮りの写真を送った。

アカデミアは変われるか

50年代を思わせる絶対平和主義のアカデミアは変われるだろうか。変われないであろう。すでに、平和主義というよりも軍事アレルギー、反自衛隊体質は、日本のアカデミアのアイデンティティの一部になっている。

第二次安倍政権で平和安全法制の制定作業を進めたとき、左派からの批判は激しかった。

某テレビの著名なキャスターから「ずいぶん政府批判の声が寄せられていますよ」と言われたので、「どういう批判ですか」と尋ねたら、「自分たちの人生を否定するな」という内容が多かったと言われて驚いた。多くのシニアな日本人にとって、非武装や反安保や反権力は、安全保障政策の問題ではない。それはアイデンティティの問題であり、そのアイデンティティとは、55年体制という古いイデオロギー対立の時代の自らの立ち位置なのである。

それは日本のアカデミアの立ち位置そのままである。その姿は、JRに生まれ変わる前の日本国有鉄道（国鉄）を想起させる。「親方日の丸」で税金によって賄われ、倒産の危険がない官公労は、民間企業の労働組合と異なって戦闘的になりやすい。韓国の民主労総も同じである。戦後の国内冷戦において国鉄は、中曽根総理によって民営化されるまで、左派運動家の牙城であった。イデオロギーや安全保障政策がどうこうというよりも、保革（自社）の権力闘争が慢性化、マンネリ化する中で、組織としてのアイデンティティが左側、反自民党権力側に固まってしまったのである。それは反日米安保、反自衛隊、反米帝国主義のアイデンティティであった。

もとより、日本に数多くおられる世界的な第一線の研究者の方々は、このようなイデオロギー論争には全く関心がない。研究に没頭する優れた研究者からすれば、政治闘争は鬱陶しいだけであろう。逆に、安全保障に関心が深い研究者の方々もたくさんおられる。しかし55年体制の呪いは、反自衛隊、反日米安保、反自民党、反政府のイデオロギーとなって、大学事務局まで含めた広い意味のアカデミアを束縛して離さない。そして国から流し込まれる2兆円の研究開発費、特に、そのうちの８０００億円の大学運営費は巨大な既得権益となってしまっている。そのまま3四半世紀が経った。日本のアカデミアの反軍体質は、一朝一夕に変えられるものではない。

世界では、軍事、宇宙、医療等、最先端の科学研究は、軍、政府、産業界、学界が一体となって取り組んでいる。それが普通の国である。もちろん、学問の自由は尊重され、国家安全保障は、やりたい人だけがやればよいということである。

しかし、日本では安全保障に関わりたいという研究者の学問の自由が封殺され、反防衛省、反自衛隊、反日米安保という60年代を思わせる全体主義的な統制が働いているところに問題がある。強烈な同調圧力がかかる。個人の学問的関心は無視されて、日本アカデミアに所属する限りは、決して軍事や安全保障には手を出してはいけないということになっている。若手の研究者の中には、このような古色蒼然としたイデオロギー的拘束に反発する人もおり、時折、間欠泉《かんけつせん》のように若手の不満が噴出して報道されるが(例えば天文学会)、その多くは百姓一揆のように鎮められてしまうというのが通常のパターンである。

科学技術政策に詳しい人たちに聞いてみるのであるが、一様に、日本のアカデミアの左傾化体質は決して変わらないであろうという。変えたければ、国鉄のように、国公立大学を完全民営化するしかないという。あるいは、政府から毎年８０００億円の規模で交付されている大学運営費予算(研究開発に使われない通常の事務的予算)は、少なくとも大学が自助努力で稼ぐようにすれば、マーケットから公益を注入され、民間から活力を貰えるようになるだろうという。そういう外科療法的な対策しかないところまで来ているように見える。

安全保障産業政策と安全保障科学技術政策の幕開け

日本は、安全保障産業政策と安全保障科学技術政策を企画、策定する時期に来ている。冷戦初期の55年体制に源を持つ産業界の軍事アレルギー、学術界の反軍イデオロギーは、日本が中国の大軍拡、北朝鮮の核武装に直面し、安全保障政策の在り方が正面から問われている今日、明らかな時代錯誤である。

同じ左派でも、韓国では左翼政権のほうが安全保障に真剣である。反米帝国主義の傾向が強い韓国左翼であるが、だからこそ自国防衛の努力は自分でするという責任ある態度を取っている。経済規模で日本の3割程度の韓国が、防衛費で日本を抜く勢いである。また、韓国の防衛装備開発費は日本の数倍であり、国を挙げて防衛産業育成に努めている。今や韓国はアジアで中国に次ぐ武器輸出国に成長した。

2021年に取り組みが始まった米英豪（AUKUS）は、量子科学等、先進科学技術でリードするという決意を新たにした。残念ながら、日本は完全に取り残されている。韓国左翼とは真逆に、日本の左派の中には、いまだに日米同盟の深化を拒み、自衛隊の予算を減らし、その手足を縛ることが平和主義だという雰囲気が強い。日本がもたもたしていれば、そのうち米英豪と韓国の防衛技術協力が始まるかもしれない。安全保障の世界はスポーツの世界と一緒である。能力のないものは相手にされない。

日本の防衛産業といっても、具体的には産業界の片隅に押し込められた重工業の防衛部門を指す。三菱重工業でも、ＩＨＩ（石川島播磨重工業）でもどこでも、防衛産業の売り上げに占める割合は数パーセントに過ぎない。専守防衛の平和国家らしく、つましい産業である。これに対して民生部門の比率は高い。民生技術を担当する技術者の中には、ノーベル賞を受賞するような超一級の技術者が数多くいる。彼らの中には、政府が音頭を取るのなら、自分たちの民生技術を安全保障のために役立てたい、国のために役立てたいという高潔な考えを持ってくれている人々もたくさんいる。

やはり問題は、「軍産複合体」とか「死の商人」のようなレッテルを貼られて攻撃されることを恐れる経営陣である。だが、本当の責任は政府にある。国を守る技術の開発、自衛隊員の命を守る技術の開発が国家として重要だ、科学技術の進展こそ国家安全保障の基盤である、と胸を張って主張する指導者が出てこなかったところに問題がある。日本民族の存亡を考えず、生殺与奪の権を米国に預けて何とも思わず、鼓腹撃壌の経済成長時代を謳歌した政治指導者が多かった。安全保障から逃げ回る指導者の下で防衛産業が育つはずがない。

リスクを取らない技術発展はあり得ない

「国を守る」ための技術開発とは、何が特徴的なのか。それは血税を用いた巨大なリスク負担である。科学技術でも、産業技術でも、その開発には膨大なコストがかかる。研究者は、営業担当者が求めるような、明日売れるものを作っているわけではない。常に遠く未来に焦点を合わせ、人々がよりよく生きるために必要な技術を求めている。そこには高いリスクが付きまとう。

どんなに素晴らしい技術開発をしても、マーケットに需要がなければ売れない。しかし、市場の成熟を待たずして、未熟児のように生まれてくる技術の中に、人類社会を激変させる技術があるかもしれない。しかし、それはマーケットに受け入れられなければ、人知れず埋もれていく。

だが、それは決して無駄ではない。やがてマーケットが成熟したとき、当時の研究者の思いを継ぎ、その技術を掘り起こして、飛躍的な技術発展を生み出す後進たちが現れるのである。無駄こそ肥やしである。技術開発の世界では、会計年度内に予算を消化して成果を出せという財務省主計局や会計検査院のちまちました官僚的発想とは異なる発想が必要である。

最近、内閣府では赤石浩一前科学技術・イノベーション担当政策統括官のイニシアチブで「ムーンショット」と呼ばれるハイリスクな研究を助成しようという動きが出てきた。慎重な官界にしては珍しい動きであり、素晴らしいことである。

ハイリスクな技術開発を正当化するとき、即ち、成功するかどうか分からない研究開発に政府が巨額の税金をつぎ込むとき、「いつか市場が成熟して大きな需要が生まれるが、民間に任せるにはリスクが高すぎる」というような経済的理由だけが正当化事由になるわけではない。そのレベルの技術開発は、やはり本来は民間企業の仕事である。

国家が高いリスクを血税をもって賄《まかな》って研究開発するときには、別個の論理が働く。日本以外の普通の国では、実際に、非常に高いリスクを国防省や関連研究機関が負い、兆円単位の巨額の研究開発費が充《あ》てがわれている。それは、科学技術の進展が、国家の安全を保障し、突き詰めて言えば自国の軍人が戦場で殺されないようにするために必要だからである。だから政府が民間とは次元の異なるハイリスクを受容するのである。それはマーケットの論理とは無関係の、国家としての生存本能が許容するハイリスクなのである。

だからこそ米国防総省は、年間10兆円の研究開発費を、国防省関係の研究所のみならず、協力してくれる大学研究機関や、民間企業や、さらには個人にもばらまくことができる。年間10兆円の金額はあまりに巨大であり、それがマーケットを歪めることもある。しかし、米国人兵士の命、米国人の命には代えられないというのが米国政府の考え方である。国家と国民の安全のために、民間企業が取らないさらに巨大なリスクを政府が負う。巨額の資金が流される。それを国民が支持している。

研究開発助成の対象は、もとより狭い意味の軍事に限られない。それは基礎研究、応用研究、開発・社会実装化の全てのレベルに及ぶ。将来の社会を変えるゲームチェンジャー全てに巨額の資金が投入される。最先端の量子科学、バイオ科学、脳科学等のあらゆる分野に及ぶ。ここに米国の科学技術界が常に世界の最先端を走る理由の一つがある。一流の研究者たちが、政府の資金を得て、リスクを取らずに思い切り研究に没頭できる。

今、脚光を浴びているワクチン製造会社のモデルナもここから生まれたユニコーン企業(成功したベンチャー企業)だと言われる。米国にはユニコーン企業がうじゃうじゃといる。日本にはほとんどいない。

4兆円の科学技術開発予算が国家安全保障に回らない

日本政府も動き始めている。NSCに経済班もできた。経済産業省を始めとして霞が関全体に問題意識も出てきた。ビジネス界にも地政学への関心が高まってきた。経済一辺倒の時代から安全保障の時代へと時代が回りつつある。

この数年、柳瀬唯夫経済産業審議官を皮切りに、経済産業省の俊英たちが経済安全保障の議論を引っ張ってきた。機微技術流出阻止には貿易経済協力局が、ハイリスクな研究開発への予算投入には内閣府総合科学技術・イノベーション担当政策統括官組織や経済産業省産業政策局が、宇宙開発には内閣府宇宙開発戦略推進事務局や経済産業省製造産業局が、各々の分野で旗を振って、大きな成果を上げてきた。主力は常に安全保障問題に関心を抱き始めた経産省の俊英たちであった。新しいアイデンティティの経産官僚が生まれつつある。ただし、その過程で問題点も見えてきた。

日本政府は、科学技術開発予算を毎年4兆円計上する。国際水準では大きな額とは言えないが、それは決して小さな額ではない。日本政府の予算は100兆円しかない。米国防省予算の80兆円とさほど変わらない規模である。そのうち80兆円が、医療、年金、地方交付税、国債償還で自動的に消える。日本政府が本当に使えるお金は20兆円しかない。そのうち5兆円が防衛省に行く。

日本の科学者には、この防衛費に匹敵する4兆円が毎年、国費から支給されているのである。2兆円が文部科学省から科学技術振興機構（JST）を通じて、大学や国立研究所に流される（ただし、うち8000億円は研究開発とは無縁の大学運営費である）。1兆円弱が、経済産業省の新エネルギー・産業技術総合開発機構（NEDO）を通じて、産業技術総合研究所（AIST）などに流される。残りの官庁は、残った1兆円を奪い合う。日本医療研究開発機構（AMED）等である。

ちなみに、最先端の電気情報通信を扱う情報通信研究機構（NICT）はたったの250億円の規模でしかない。民主党政権のときに予算を半額にされていまだに戻っていない。GAFAが見たら鼻で笑うであろう。

日本の大学や国立研究所には、世界的に著名な優れた研究者が何人もいる。ノーベル賞の数では中国や韓国を寄せ付けない強さである。しかし、JSTを通じて大学に流された予算は、学内の古色蒼然とした絶対平和主義、反安保、反自衛隊のイデオロギーの故に、決して防衛省や安全保障関係の研究開発には向かわない。安全保障色のついた研究をしてはいけないことになっているので、日本の科学が安全保障分野で花開くことは決してない。NEDOと産業技術総合研究所（昔の通商産業省工業技術院）も同様の雰囲気である。

面白いことに、日本の大学や国立研究所には、軍民融合を唱えて中国共産党の下で産官民軍学が合体している中国の研究者や留学生の受け入れにはアレルギーが全くない。日本の軍人だけが悪い人だという思い込みがある。

また、霞が関（官界）では、軍民両用技術（デュアルユース）は、軍事技術とは見なさないのが常識である。インターネットは米国防省が生んだ。民間にも裨益できるものは、軍用の技術であれ、どんどん裨益してもらうというのがスピンオフの考え方である。ところが、日本の学術界では、軍民両用技術の研究開発は全て軍事研究だという極端な立場を取っている。軍民両用という話になったとたんに軍事技術だとレッテルを貼られて、学術関係者は非協力的な態度を取るように無言の同調圧力がかかる。

黴の生えたような四角四面の対応である。今日、何が軍民両用技術で、何が純正民生技術かなどという議論は、実はほとんど意味のないものである。特に、優れた情報通信技術で民間企業同士がしのぎを削っており、民生技術のほうが軍用技術に入ってくることも稀ではない。そうすると結局、防衛省がやる研究ならば、基礎研究でも、応用研究でも、何であれ、全て軍事研究としてつぶしてしまえという乱暴な話になる。それが現実である。

日本学術会議という「赤い壁」

ここから前に述べた防衛装備庁の「安全保障技術開発推進制度」への非協力という日本学術会議の立場が出てくるのである。日本学術会議は、内閣府にあるれっきとした政府の一機関である。皆、政府からの任命を受ける。それが反権力、反自衛隊で凝り固まっているというのはどうしても合点がいかないが、この3四半世紀そういうことだったらしい。

手を付けようとすると激しい政治的反発が出るので、吉田茂、中曽根康弘、安倍晋三以外の総理は、ほっかむりをして誰も手を付けなかった。吉田総理は、日本学術会議は民営化して学者は民間の立場から自由に発言すればよいと主張したが、事が成就しないうちに退陣となり敗れた。中曽根総理は、学術会議会員選出を選挙で行うと、組織を持っている特定政党出身者に当選者が偏るので、学術会議の中でよく議論して互選にし、良い候補者を推薦してほしいと主張して、推薦制度が導入された。

しかし、選出過程の不透明さや、出てくる人はあまり変わらなかった。安倍総理は、自分が日本学術会議会員を任命するに際しては、被推薦人の数を定員から1割増しにしてリストを提出してほしい、1割は任命権者の自分が選ぶと主張して、実際そうなったはずだが、安倍総理が辞任したとたん、元通りに学術会議が推薦するリストを総理に無修正で呑ませるというやり方に戻してしまった。菅総理時代に、数名の学術会議会員任命拒否事件が起きたが、それは吉田総理以来、3四半世紀の経緯のある話なのである。

日本学術会議の権威は高い。日本政府が国費から流し込む年間4兆円の研究開発予算の使途について審議する総理主宰の総合科学技術・イノベーション会議（ＣＳＴＩ）に常任議席を持っている。

ＣＳＴＩは、科学技術研究開発の5カ年計画の策定権限を持っている。5カ年計画の総額20兆円という巨額の資金を扱う。ここに学術会議が常に陣取り、文部科学大臣、総務大臣、経産大臣、内閣府科学技術政策担当大臣が出席するが、防災担当の国土交通大臣も、防疫担当の厚生労働大臣は呼ばれないし、防衛大臣は絶対に呼ばれない。そこで総額20兆円の政府研究開発予算の配分が決定される。毎年4兆円の政府研究開発予算を使っておきながら、防衛省に回す研究開発予算はわずか２０００億円でしかない。

前に述べたように、巨額の米国政府の研究開発予算の6割は国防関係に流れる。米国防総省国防高等研究計画局（ＤＡＲＰＡ）が目利きをして、どんどん産学の目新しい技術に資金が投入される。それは普通の企業でも、ベンチャー企業でも、優秀な学生でもよい。高いリスクは当然とされ、失敗しても構わないとされる。そうして豊かな才能がどんどん発掘され、花開いていく。

日本では、１９９０年代にマーケット至上主義の新自由主義が猖獗を極めた折、ワシントン・コンセンサスの下で政府補助金の多くを打ち切ったが、他の先進国では、実は、安全保障のための技術開発という別枠の大きなポケットがあり、例えば米国では、そこから年間10兆円以上の資金が官民の優秀な研究者に流れ続けていたわけである。これでは日本が米国にかなうはずがない。安全保障のために最先端の科学技術を研究する、そのために金に糸目をつけずに、最も才能のある人々を集め、研究に係る金銭的リスクを負担する。そういう次元の異なる安全保障産業政策、安全保障科学技術政策が他の国にはあるのである。

日本にも同じ仕組みが要る。日本政府にそういう仕組みがないことが、世界で最も優秀な日本の技術者を腐らせているのである。例えば、世界最高演算速度を誇る富士通と理化学研究所の「富岳」を、一体何に使うというのだろう。安全保障に民生技術を利用しようとする政策的発想がないから、世界最高のスパコンを平気で放置するというようなことが起きるのである。

筑波、「けいはんな」に匹敵する安全保障技術研究の拠点を作れ

日本の世界最高水準の科学技術、産業技術を国家安全保障に活かすには、現在のシステムを離れて、全く新しい仕組みと予算のルートを作るしかない。関東の筑波、関西の「けいはんな」に匹敵するような研究開発拠点を設ける必要がある。それは狭い意味の軍事技術の研究施設ではない。最先端の基礎研究、応用研究、開発・実装化まで幅広く含むものでなくてはならない。そこには、内外の最高の学術界の研究者、日本の最先端技術を有する企業の技術者、国立研究所の研究者、そして防衛技官と自衛官が共に研究できるように

するべきである。日本を守るためならば、年間1兆円の予算を付けても惜しくはない。また、その研究開発資金を民間企業ややる気のある研究者に委託研究の形で使わせる仕組みが要る。米国のDARPAに匹敵する「目利き」のための組織と仕組みが要る。巨額の予算を入れた基金を立ち上げ、新技術を見出す目利きのできる事務局を置き、ハイリスクを許容して、やる気のある研究者、技術者に、どんどん資金を提供して新しい実験に取り組ませる組織が要る。筑波研究学園都市のような拠点が要る。そこからユニコーン（新興のベンチャー企業）が生まれてくる。

ここで後れを取れば、安全保障技術面で、日本は這いつくばったまま永遠に立ち上がれなくなる。例えば、量子コンピューティング、量子ジャイロ、量子通信等の量子科学が、次の科学技術の地平を開く。量子コンピューターの劇的な演算速度の向上は、処理できる情報量を天文学的な桁に上げていく。量子科学で負ける者は、戦争に負け、市場で負ける。

量子コンピューターが出てくれば、現在使用している暗号は全て解読される。量子コンピューターで作った暗号以外は役に立たなくなる。デジタル・トランスフォーメーションは、さらに加速度的に進展するであろう。素材、金融、バイオテクノロジー、自動運転等、あらゆる分野で激変が起きる。あるいは量子ジャイロは、地磁気を計算して精度の高い測位を可能とする。簡単にジャミングされるGPS衛星と異なり安全に使える。潜水艦も位置補正のために水上に浮上する必要がなくなる。さらに量子通信は、すでに東芝が実用化している。決して盗聴のできない通信技術である。

イスラエルのベエルシェバでは、ネタニヤフ首相がサイバー自由研究都市を作った。砂漠の真ん中に突如現れたサイバー・シティである。世界中の企業や技術者が集まって、自由にサイバー技術の研究をしている。イスラエル政府から、場所と一定程度の資金の供給がある。

ベエルシェバでは、日本が脆弱なサイバーセキュリティの研究も盛んである。私が訪れたとき、ある企業がサイバー攻撃で乗っ取られて暴走する高速鉄道を乗っ取り返すプログラムの宣伝をしていた。ベエルシェバには日本の著名な企業も参画している。このような研究拠点を作ることが必要である。量子科学とサイバーセキュリティからでも国際研究拠点づくりをすることが必要である。そのためには大胆な構想力と強い政治指導力が要る。横須賀近くに量子・サイバー研究に特化した巨大な研究拠点を作ってみてはどうか。

技術をもって国に報いる

目黒の統合幕僚学校がある自衛隊基地には、入り口からさほど遠くないところに、都築伊七海軍中将の揮毫した書を刻した畳一畳分くらいの石碑が立っており、「技術報国」とある。現在の自衛隊目黒基地は、終戦まで海軍技術研究所があった場所である。そして都築中将は、優れた数多くの帝国海軍艦艇を生み出した横須賀海軍工廠の工廠長を務めた海軍機関学校出身の士官だった。戦前の日本では、科学技術をもって国を守る、国民を守る、軍人を守るということは当たり前のことであった。科学技術こそが戦争の死命を制すると理解している人も官民に多かった。日本の科学の粋が、海軍工廠に集められた。だから空母赤城や戦艦大和が生まれたのである。

最先端の科学技術をもって国の安全を守るというのは世界の常識である。技術をもって国に報いたい(「技術報国」)という心ある技術者も大勢いる。国のために命を懸けている自衛官を守りたいという技術者も大勢いる。彼らの心に火をつけて、研究拠点を設け、巨額の予算を付け、高いリスクを取り、日本の科学技術全体の底上げを図り、産業技術への均霑《きんてん》を図り、そうすることによって日本の安全保障をより確実にすることが、令和の日本政府の責務である。科学の進歩は猛スピードである。日本はどんどん取り残されている。日本に残されている時間はとても少ない。

[著者略歴]
兼原信克［かねはら・のぶかつ］
同志社大学特別客員教授。1959年山口県生まれ、80年外務公務員採用上級試験合格、81年東京大学法学部卒業、同年外務省入省。条約局法規課長、総合外交政策局企画課長、北米局日米安全保障条約課長、在アメリカ合衆国日本国大使館公使、総合外交政策局総務課長、外務省大臣官房参事官兼欧州局、在大韓民国日本国大使館公使、内閣官房内閣情報調査室次長、外務省国際法局長、内閣官房副長官補、内閣官房副長官補兼国家安全保障局次長を経て、2019年退官。20年より現職。著書に『歴史の教訓』(新潮新書)、『安全保障戦略』(日本経済新聞出版)、『自衛隊最高幹部が語る令和の国防』(共著、新潮新書)、『現実主義者のための安全保障のリアル』(ビジネス社)などがある。18年フランス政府よりレジオン・ドヌール勲章受勲。

PHP新書

PHP INTERFACE
https://www.php.co.jp/

日本の対中大戦略

PHP新書 1289

二〇二一年十二月二十八日　第一版第一刷

著者――兼原信克
発行者――永田貴之
発行所――株式会社PHP研究所
東京本部――〒135-8137 江東区豊洲5-6-52
第一制作部 ☎03-3520-9615(編集)
普及部 ☎03-3520-9630(販売)
京都本部――〒601-8411 京都市南区西九条北ノ内町11
組版――有限会社エヴリ・シンク
装幀者――芦澤泰偉＋児崎雅淑
印刷所
製本所――図書印刷株式会社

ISBN978-4-569-85092-4

ＰＨＰ新書刊行にあたって

「繁栄を通じて平和と幸福を」(PEACE and HAPPINESS through PROSPERITY)の願いのもと、ＰＨＰ研究所が創設されて今年で五十周年を迎えます。その歩みは、日本人が先の戦争を乗り越え、並々ならぬ努力を続けて、今日の繁栄を築き上げてきた軌跡に重なります。

しかし、平和で豊かな生活を手にした現在、多くの日本人は、自分が何のために生きているのか、どのように生きていきたいのかを、見失いつつあるように思われます。そして、その間にも、日本国内や世界のみならず地球規模での大きな変化が日々生起し、解決すべき問題となって私たちのもとに押し寄せてきます。

このような時代に人生の確かな価値を見出し、生きる喜びに満ちあふれた社会を実現するために、いま何が求められているのでしょうか。それは、先達が培ってきた知恵を紡ぎ直すこと、その上で自分たち一人一人がおかれた現実と進むべき未来について丹念に考えていくこと以外にはありません。

その営みは、単なる知識に終わらない深い思索へ、そしてよく生きるための哲学への旅でもあります。弊所が創設五十周年を迎えましたのを機に、ＰＨＰ新書を創刊し、この新たな旅を読者と共に歩んでいきたいと思っています。多くの読者の共感と支援を心よりお願いいたします。

一九九六年十月

ＰＨＰ研究所